ちくま学芸文庫

言葉を復元する
比較言語学の世界

吉田和彦

筑摩書房

目 次

まえがき …………………………………………………005

第1章　言語の歴史を考える
第1節　言語は変化する …………………………………011
第2節　言語の歴史的研究とは …………………………014
第3節　解読 ………………………………………………021

第2章　比較方法
第1節　祖語を推定する …………………………………036
第2節　比較方法 …………………………………………040
第3節　再建される祖語の性格 …………………………056
第4節　系統樹モデルと波状モデル ……………………070
第5節　変化の起こった相対的な時期 …………………083

第3章　内的再建法
第1節　条件変化の起こった環境が残っている場合 …101
第2節　条件変化の起こった環境が失われた場合 ……107
第3節　内的再建法の限界 ………………………………120

第4章　類推

第1節　類推の役割 …………………………… 131
第2節　パラダイムの画一化 …………………… 140
第3節　残存形式 ……………………………… 150
第4節　クリウォーヴィッチの類推の法則 ……… 154
第5節　類推と内的再建法 …………………… 165

第5章　生成文法から音変化をみる

第1節　生成音韻論とは ……………………… 184
第2節　言語変化のメカニズム ………………… 188
第3節　規則の追加 …………………………… 191
第4節　基底表示の組み替え ………………… 193
第5節　規則の順序替え ……………………… 197
第6節　規則の消失 …………………………… 203
第7節　規則の挿入 …………………………… 206
第8節　生成文法と類推 ……………………… 211

キーワード ……………………………………… 216
さらに広く知りたい人のために ………………… 218
初版あとがき …………………………………… 222
文庫版あとがき ………………………………… 226

まえがき

　言語学のさまざまな分野のなかでも最も古い伝統をもつ比較言語学に，近年ふたたび関心が寄せられている．この関心の高まりは，これまで知られていなかった新しい言語や文献資料の発見に負うところもあるが，一般にはむしろ新しい方法論の導入によるところが大きいように思える．このなかには，たとえば，言語類型論の立場からの寄与，言語の変化を構造的，機能的な観点からとらえようとするこころみ，それに現在進行しつつある変化の実態に対する社会言語学的な側面からのアプローチなどがふくまれる．これらの新しい方法論にもとづく研究は，たしかに重要で興味深いものであるが，それだけを切り離してみた場合，比較言語学全体の進展に対してはあくまで副次的な役割しか果たしていないように思われる．

　比較言語学の最も重要な課題は，同じ系統に属する諸言語を比較することによって，かつて存在したそれらの言語の源であるところの祖語を再建し，それぞれの言語が祖語の段階からどのような歴史を経て成立したのかを明らかにすることである．本書では，このような比較言語学の中心的な位置を占める問題，すなわち，記録以前の言語の再建，言語変化のメカニズムといった問題について，さまざまな視点から考え

る．まず，第1章では，文献記録を主な対象とする言語を歴史的に研究する際の基本的な問題とその限界について述べる．つぎに，失われた言語を再構成し，その歴史を復元する作業のなかで，最も実質的な成果が期待できる2つの方法について考える．その2つの方法とは比較方法と内的再建法であり，それぞれ第2章と第3章であつかわれる．第2章と第3章での検討から，音法則が言語変化に深く関わっていることが明らかになるが，第4章では，変化のもうひとつの要因である類推というプロセス，つまり言語変化に対する形態的な影響について考える．最後に，第5章では，言語の変化がその話し手である人間のもっている文法とどのように関係するかを考え，生成文法の立場からの具体的な提案とその妥当性について考えてみたい．

『言葉を復元する』という本書のタイトルには，つぎのような意味がこめられている．まず，比較言語学で祖語を推定することは，一般に「再建」，あるいは「再構成」とよばれる．ところが，再建や再構成といった用語はあまりなじみがないために，むしろ「復元」というほうが，一般の読者には，比較言語学という学問のイメージがよく伝わるように思われた．また，比較言語学によって復元されるのは，音韻や形態の組織のこともあるし，特定の語彙のこともある．このように復元される対象がさまざまであるために，『言語を復元する』ではなく『言葉を復元する』とするほうが，比較言語学があつかう対象をよく表しているように思えた．

比較言語学は，言葉についての膨大な知識の積み重ねのう

えに成り立っているために,一般にはおそらくあまりなじみのない分野であるだろう.しかし,失われた言葉を復元し,言葉の歴史を明らかにすることは,たいへんおもしろく,興奮をよびおこす.本書は,この知的好奇心をかきたてる世界がどのようなものであるかをわかりやすく示すために書かれた.言語学について特別な知識をもっていない読者にも無理なく読めるよう十分に配慮したが,同時に最新の成果も多くとり入れている.特に,各章の後半はかなり高度な内容になっている.どの章でも,興味深いデータを豊富に示した.比較言語学は何といっても実証的な学問だからである.本書に用いたデータはインド・ヨーロッパ系の諸言語からのものであるが,具体的なデータの提示とその分析によって,うえに示した目的がうまく達成されていればうれしく思う.

言葉を復元する
比較言語学の世界

第 1 章　言語の歴史を考える

第 1 節　言語は変化する

　私たちが普段なにげなく使っている言語は，日常で意識されることはめったにないが，一定の時間が与えられるなら，変化していくものである．このことは，つぎに示す，歴史的に異なった時期の英語で書かれた，新約聖書の「主の祈り」からの一節を比較することによって，はっきりと認められる．

現代英語（1970）:
Our father in heaven, thy name be hallowed; thy kingdom come, thy will be done, in earth as in heaven. Give us today our daily bread.

初期近代英語（1611）:
Our father, which art in heaven, hallowed be thy name. Thy kingdom come, thy will be done, on earth as it is in heaven. Give us this day our daily bread.

古期英語 (995):

Fæder ūre, þū þe eart on heofonum: sī þīn nama gehāl-god. Tobecume þīn rīce. Geweorþe þīn willa on eorþan swā swā on heofonum. Ūrne dæghwāmlīcan hlāf sielle ūs to dæge.

(天にいますわれらの父よ，御名があがめられますように．御国がきますように．みこころが天に行なわれるとおり，地にも行なわれますように．わたしたちの日ごとの食物を，今日もお与えください．)

まず，最初にあげたのは，やや文体が古めかしいが，現代英語で書かれた聖書である．2番目はシェイクスピアの頃に書かれた欽定訳聖書，3番目は古期英語のウェスト・サクソン方言で記録されたものである．これらは，いずれも同じ内容を示している．しかしながら，それを表わす形式，すなわち英語という言語は，約1000年のあいだにめざましい変化を遂げたことがわかる．

しかも，変化はさまざまなレベルで生じている．音韻の面では，たとえば，古期英語にみられる口の開きが狭い長母音 /ī, ū/ が，現代英語では /ai, au/ のように二重母音化している（古期英語 þīn, ūre が，それぞれ現代英語で thy, our となっていることに注目してほしい）．形態の面では，一見して，現代英語で失われた名詞や動詞の語尾が古期英語でよく保存されていることが観察される（たとえば，現代英語

in heaven に対して,古期英語は on heofonum のように単数与格の語尾 -um をとる).さらに統語法の面では,古期英語では,所有代名詞がそれが修飾する名詞主要部の後ろにくるという(現代英語 our father に対して,古期英語 Fæder ūre),現代英語では許されない語順が用いられていることに気づく.

また,意味変化の例も見いだされる.たとえば,古期英語の hlāf と sielle に対して,現代英語ではそれぞれ bread, give が用いられている.ところが,形式のうえで,古期英語の hlāf と sielle に該当する現代英語は loaf と sell であるから,loaf と sell という語はその歴史において,それぞれ「パン」から「(パンなどの)ひとかたまり」,「与える」から「売る」への意味変化をこうむったことがわかる.

このように歴史的な観点に立つならば,言語は時間の経過とともに変化することが明らかになる.もちろん,言語によってはかなり長い時間を経ても,変化がそれほど顕著でない場合もある.たとえば,現代アイスランド人は,子供であっても,12, 13 世紀頃に書かれた古期アイスランド語のサガをそれほど困難なく理解することができる.これは,アイスランド語が外部の共同体からかなり離れた島で使われ続けてきて,他の言語との接触がほとんどなかったために,言語の変化が比較的ゆるやかだったという事情によるものと考えられる.しかしながら,この場合でも言語が変化をまぬがれるということはないのである.

第2節　言語の歴史的研究とは

　言語の科学的な研究において、まず最初にしなければならない作業は、分析の対象となる言語のデータを収集することだろう。その言語を母語とし、その言語についての情報を提供してくれる人のいる現代語であっても、もはや話し手がおらず、書かれた記録だけしか残されていない言語であっても、この点は変わりがない。

　ただし、得ることのできるデータの量については、両者のあいだに決定的な差がある。つまり、現代語を対象とする場合、音韻、形態、統語、意味のどの分野の研究であれ、ある問題についての言語学的情報は、その言語の話し手から無限に引き出すことができる。ところが、歴史的資料をあつかう場合、この点で大きな限界がある。

　言語の歴史的な研究に対する最も大きな障害は、何といっても、書かれた記録の量にかぎりがあることにある。研究の進展にとって重要な鍵になるのは、過去の言語の姿がどの程度まで記録されているか、つまり研究に有効な文献の量であることはいうまでもないだろう。また、たとえかなり豊富な記録が残されている言語の場合であっても、私たちは当時の言語の完全な姿を知ることはできない。なぜなら、いくらまとまった資料であっても、過去の言葉の断片だけしか残っていないことには変わりはなく、たまたま記録されていない語彙や構文は無数にあるに違いないからである。

また，歴史的な研究をすすめることが，他の言語学の分野にくらべて困難な分野もある．たとえば，音素はその数が有限であり，閉じた体系に属しているために，過去の言語の音素体系の再建は十分に可能だろう．また，形態素についてもその数は有限であり，まとまった文献資料が残っている場合，その言語の形態素のうちの大部分が記録されていることはかなり期待できる．

　これに対して，統語論の分野では，文やフレーズの数は有限とはいえない．また，もはや話し手がいないために，現代語の場合のように豊富な例文にもとづく有効な議論をすすめることは困難であり，かぎられた量の文献資料だけから実質的な多くの成果を引き出すことはほとんど不可能といえるだろう．さらに，歴史的記録には翻訳文献や韻文が多くふくまれているが，これらにはその言語本来の統語法が反映されているとはいいがたい．たとえば，ゴート語の資料としては，4世紀半ばにウルフィラとよばれる司教が新約のギリシア語から訳した聖書がほとんど唯一のものであるが，そこではギリシア語がほぼ逐語的にゴート語に翻訳されている．したがって，この資料のなかにゴート語本来の統語法が十分に保存されていると考えるのはむずかしいだろう．

　同じく，歴史的研究をおしすすめるのが困難な分野として，意味の研究がある．ここでもやはり話し手がいないために，たったひとつの語に関してさえ，その正確な意味をとらえることがむずかしい場合があり，非常に骨の折れる，しかも答えがあるとはかぎらない文献学的な作業が要求される．

第1章　言語の歴史を考える　015

このような制約や困難があるために、言語の歴史的な研究では、統語論や意味の分野は、音韻論や形態論の分野にくらべてそれほど成果があがっていないし、これからもめざましい発展は期待できないように思われる．

うえで、書かれた記録の絶対量が歴史的研究の進展を左右する重要な要因であると述べた．しかし、歴史的文献は文字を用いて記録されているが、文字自体は言語を特定の原理にもとづいて置き換えたものにすぎない．つまり、文字だけをながめていても、その背後にかくれた言語の姿を直接とらえることはできないのである．ところが、歴史的資料から言語学的な情報を得ることは、文字を媒体としてのみ可能になるのであるから、文字の性格がどの程度明らかになっているかは、その言語の研究の進展にとって重要な鍵となる．

ヨーロッパの言語の多くは、アルファベットによって文字を記録する．アルファベットは、そもそも古代ギリシア人がセム系のフェニキア語の文字体系を継承して、それに決定的な変更を加えたことによって成立した．よく知られているように、セム系の文字は、子音だけを表記して、母音の違いを考慮しないという特徴をもつ音節文字だった．ギリシア人は、フェニキア文字のうち彼らにとって異質の子音をふくむ文字、たとえばA, O, I（これらはそれぞれ、声門閉鎖音プラス母音、喉頭摩擦音プラス母音、半母音プラス母音を表わしていた）を、純粋の母音の音価を示すのに用いた．他方、他のフェニキアの音節文字は、母音をのぞいた子音だけを表わすようになった．ここでギリシア人が確立した原則

は，ひとつひとつの音素に対して特定の文字を用いるという原則，いわゆる字母的書記（alphabetic writing）の原則だった．このようにして成立したアルファベットは，地中海世界を経てヨーロッパの諸言語，あるいは直接，小アジアの諸言語やスラブの諸言語において受容されるようになった．

アルファベットが成立してしばらくは，ひとつの文字が特定の音素に対応する字母的書記の原則が守られていた．ところが，すでに前節でみたように，言語は変化するものである．時間が経過するにつれて，言語形式の発音は変化するが，他方，書き表わし方の慣習はいつまでたっても固定したままである．このような場合には，次第に字母的書記の原則がくずれていく．たとえば，ラテン語でcという文字は [k] という音を表わし，centum「百」は [kentum] と発音されていた．ところが，ラテン語から現代ロマンス諸語にいたるまでに音の変化が生じた結果，うえのラテン語 centum をうけつぐイタリア語 cento，フランス語 cent は，それぞれ [čɛnto]，[sɑⁿ] と発音されるようになった．この場合，イタリア語とフランス語は，文字としてはcをなお保持しているのに，もはや音素 /k/ を代表していない．

言語変化によって字母的書記の原則がくずれる最も顕著な例のひとつが英語の場合である．たとえば，name, hat, all, far という単語では，いずれもaという文字が使われているものの，それぞれ互いにまったく異なる発音を表わしている（[neim]，[hæt]，[ɔːl]，[fɑːr]）．また，know [nou]，bought [bɔːt]，would [wud] などの語では，本来存在した

が，後に言語変化によって失われた，k, gh, l という子音が綴字のうえではいまだに残っている．どちらも発音の変化と書記の保守性とのあいだのギャップを裏づける例である．

このように文字と言語との関係は，ある歴史的な時期において，特定の原則によって結びつけられていたとしても，いつまでも保たれ続けるわけではない．うえの例から明らかなように，文字によって記された記録は過去の言語の不完全な姿しか伝えてくれず，過去のある時点において特定の文字がどのように発音されていたかを正確に知ることはむずかしいのである．

一般に，書かれた記録から当時の文字の正確な音価を推定することはけっして容易ではないが，それでもこの推定作業に役立つ言語学的な手がかりがつかめる場合がある．ここでは，そのうち3つの代表的な場合についてみてみよう．

まず，つづりの偶然の書き誤りやあまり頻繁に使用されない語のつづりの書き誤りから実際の音価がわかる場合を考えてみよう．うえで述べたように，語のつづりは一般に慣習的に固定してしまい，必ずしも当時の発音に忠実であるわけではない．したがって，誤ったつづりがたまたま使われたり，さらにはそれが本来のつづりにとって代わることさえ予想できる．たとえば，現代英語の delight という動詞は，古フランス語の deleiter から借用された語であり（cf. ラテン語 dēlectāre, イタリア語 delettare），語源的には gh というつづりが表わしていた [x] という音をもっていなかったために，delite というふうに gh なしで書かれていた．このつづ

りは1590年頃までみられるが,一般的には16世紀の前半までにdelightというつづりにとって代わられてしまった.このつづりの交替からどのような推定が可能かといえば,遅くとも16世紀の前半には,light, bought, eightなどの歴史的に本来gh [x] をもつ語では,[x] はもはや発音されていなかったということである.つまり,当時すでに単なるサイレントであったつづりが,書き手の誤りによって歴史的にgh [x] をもたない語まで広がったと解釈することができる.

同じように,15世紀の英語で書かれた記録のなかには,behalfのlを省略してbehafと綴られている場合がある.これも書記の保守性によってサイレントのlは現代英語でも保持されているが,すでに15世紀の段階にはもはやbehalfという語のlは発音されていなかったとみる解釈が可能になる.

2番目に,韻律の場合が考えられる.つまり,詩句が正確に韻を踏むという約束を守って作られたなら,そこからつづりには現われてこない情報をも引き出すことができる.たとえば,中期英語では長母音の [e:] も [ε:] も,同じようにeまたはeeと表記されたので,両者の発音の違いはつづりのうえでは明らかではない.ところが,チョーサーは,(現代英語のつづりに単語を置き換えるならば) mean と cleanは韻を踏ませたが,mean と keen, queen, greenは韻を踏ませなかった(現代英語のつづりのうえでのeaとeeの相違は,中期英語の [ε:] に対してeaのつづりが後から導入されたことによるが,今では両方とも同じ発音を表わしてい

る).この観察からわかることは,これら2つのグループの語は,異なる種類の母音をもっていたということである.

うえの例は母音の音色の差についての言語学的解釈に意義のある例だったが,母音の長さの解釈についても韻律は有用である.たとえば,ギリシア・ラテンの詩句では,ひとつの行のなかの長い音節と短い音節の位置について一定の規約があった.そして,長母音や二重母音,あるいは後ろに2つ以上の子音が続く母音をふくむ音節は長いとされていた.ところが,母音の長さの差に関しては,文字のうえではギリシア語では一部のみしか示されなかったし($\varepsilon:\eta, o:\omega$),ラテン語ではまったく示されなかった.もっとも,母音が長いか短いかを示すために,母音文字のうえに長音符を用いたり,その文字を二度続けて書く工夫もされたが,それほど普及しなかった.このような状況にあって,文字だけでは長いのか短いのかがあいまいな母音をふくむ語が,詩句のどの位置にきているかを調べると,その母音の長さが決定できることがある.

3番目に考えられるのは,借用語からの手がかりである.ローマ人がギリシア語から借用した例をみてみよう.古代ギリシア語では,φ, θ, χ という文字は無声帯気音 [p^h, t^h, k^h] を表わしていた.ところが,現代ギリシア語では,それぞれの文字は対応する無声摩擦音を示すのに用いられている.したがって,ギリシア語の歴史のある段階で無声帯気音は無声摩擦音に変化したことになる.この変化の時期については,ギリシア語からラテン語にとりいれられた多くの語か

ら手がかりを得ることができる．たとえば，philosophia というラテン語はギリシア語の $\varphi\iota\lambda o\sigma o\varphi\acute{\iota}\alpha$ からの借用である．$\varphi\iota\lambda o\sigma o\varphi\acute{\iota}\alpha$ の φ がラテン語では ph で表記されていることから，この語が借用された頃のギリシア語では，無声帯気音から無声摩擦音への変化がまだ起こっていなかったことがわかる．もし φ が [f] を表わしていたのなら，ラテン語では ph ではなく，f で表記されたに違いないからである．

また逆に，ラテン語の Caesar「カエサル，シーザー」という語は当時のギリシア語のなかに入って，ギリシア語の文献記録のなかで $\kappa\alpha\iota\sigma\alpha\rho$ と書かれている．ギリシア語の κ は，常に [k] を表わしていたから，紀元後1世紀のラテン語ではまだ /k/ が摩擦音化していないことが明らかになるわけである．

以上の例は，書かれた記録から過去の言語についての言語学的な情報を引き出すことのできる非常に重要な手がかりであることは間違いない．しかしそれでも，書かれた記録が伝える情報にはかぎりがあり，過去の言語の姿を復元することはきわめてむずかしい仕事である．その最も困難な場合が，解読という作業であるといえるだろう．次節では，この解読という問題についてみてみよう．

第3節　解読

文字を用いていた民族が滅びたとき，民族の消滅とともに，文字とその背後にある言語とを結びつける原理も同時に

失われるのが普通である．このような場合，どのようにして書かれた記録から文字の組織を解明し，その文字で書かれた言語を復元するかが非常に重要な問題となる．この問題を追究する作業は，一般に解読とよばれる．インドからヨーロッパにわたる地域だけをとりあげても，いまだに解読されていない文字が少なくない．たとえば，インダス文明の担い手が残したインダス文字や，ミノア・ミュケナイ文化圏で用いられたミノア象形文字，線文字 A などがそれである．

　一般に解読という場合，問題となっている言語の体系が不明であることはいうまでもないが，そこに使用されている文字の組織がすでに明らかな場合と明らかでない場合とに大きく分けることができるだろう．すなわち，既知の文字で未知の言語が記録されている場合と，未知の文字で未知の言語が記録されている場合である．

　ここでは，前者の例としてヒッタイト語を，後者の例として象形文字ルウィ語をとりあげてみよう．ともにインド・ヨーロッパ（印欧）語族のアナトリア語派に属する言語である．ヒッタイト語は小アジアのヒッタイト王国で紀元前 16 世紀から前 13 世紀末まで使用されていた．一方，象形文字ルウィ語はヒッタイト王国の時期にさかのぼる資料もあるが，重要なものはヒッタイト王国滅亡後に，ルウィ系の民族がアナトリア南東部やシリア北部に建てた都市国家に残した，紀元前 10 世紀から前 8 世紀にかけての資料である．ヒッタイト語は，詳細に関しては不明な点が多々残っているが，解読はほぼ完了しているといってよいだろう．一方，象

形文字ルウィ語はかなり解読がすすんでいるとはいえ,読みと意味が確定していない文字が依然として多く残っている.どのようなプロセスによって解読がすすめられてきたのかを,以下で順に述べよう.

図1は,ヒッタイト語が刻まれている粘土板を模写したものである.何の予備知識もなく,はじめてこの粘土板を眼にする人には,いくら時間をかけてながめても,単に楔形文字が並んでいるだけで,有益な情報は何も得られないだろう.しかしながら,20世紀初頭に,アンカラの東方約150キロのところに位置するボアズキョイという寒村から1万以上にのぼる数のヒッタイト語の粘土板が発掘されたときの状況は,このようではなかった.

ヒッタイト語が書き記されている楔形文字は,メソポタミアから借用したものであり,すでに楔形文字についての知識をもっている人にとっては,少なくとも文字に関するかぎりはなじみのあるものだった.粘土板に刻まれている楔形文字は,すべて同じ役割を果たしているのではなく,表音文字,表意文字,限定詞の3種類に分類することができる.表音文字は音節文字であり,その発音はメソポタミアの楔形文字から知ることができる.また,表意文字は純粋に意味のみを表わしており,それぞれの楔形文字言語でどのように発音されていたかについては,その文字だけからでは決定できない(ちょうど,「1」という数字を母語を異にする人に見せたとき,その意味するところは同じであるが,どう発音するかはそれぞれにとって違うのと似ている).限定詞は,名詞が意

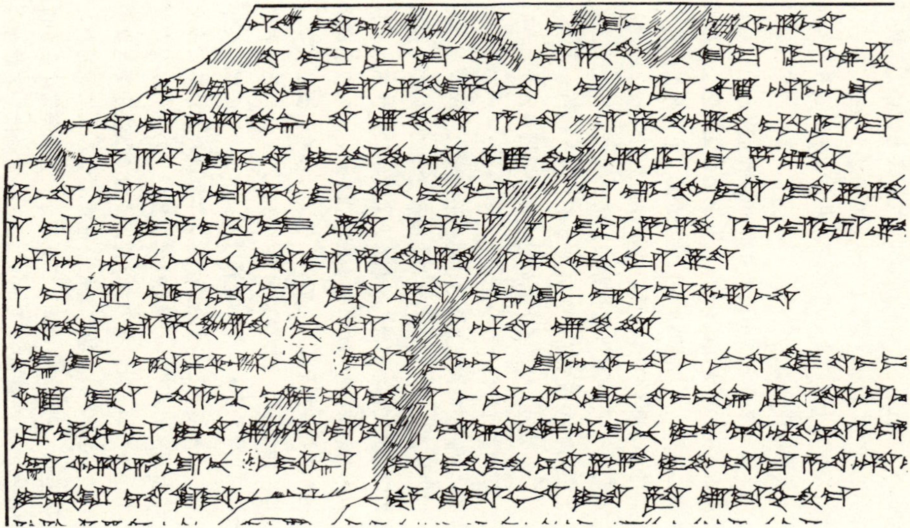

図1 ヒッタイト語の粘土板

味的にどういう種類のグループに属するかを示すための符号であり,実際には発音されなかった.

研究者がはじめてヒッタイト語の粘土板に接したときの状況は,ある意味で,たとえば,「と愛ぶこば学なて」といった,でたらめの日本語の漢字仮名混じり文を眼にしたときの状況によく似ている.つまり,漢字に該当する表意文字の部分はその意味が理解できるし,また仮名に当たる表音文字はその発音がわかるという状況である.ただ,表意文字の発音と表音文字が何語を書き記しているのかがまったくわからなかったのである.すなわち,これは既知の文字で未知の言語が記録されているというケースにはいる.

一般に,解読という作業を進行させるうえできわめて大きな鍵を担っているのは,2つ以上の言語で同じ内容が記録されているような資料,すなわち複数言語併記の資料があるかどうかである.たとえば,エジプト象形文字の解読において,決定的な役割を果たしたのは,1799年に発見されたロゼッタ・ストーンだった(図2).

ロゼッタ・ストーンには3種類の文字が使われている.一番上がエジプト象形文字,中央がその草書体である民衆文字,一番下がギリシア文字で,いずれも同じ内容が書き記されている.その内容は,ギリシア語で書かれた部分から容易に理解できる.シャンポリオン(J.-F. Champollion)がこの資料のギリシア語の部分とそれに対応するエジプト象形文字の部分とを比較することによって,そこで使われている文字の総数とその種類から(1419個,166種類.これに対して

図2 ロゼッタ・ストーン

ギリシア語は486の単語),エジプト象形文字が表意文字と表音文字の組み合わせであることを見ぬき,さらに表音文字が子音だけを表わしていると推定したこと,そしてプトレマイオスやクレオパトラなどの固有名詞の認定によって,文字の音価をひとつひとつ確定し,解読に成功したことはよく知られている.

このエジプト象形文字の解読の場合とは異なり,ヒッタイト語の場合はロゼッタ・ストーンに相当するような資料がな

かった．複数言語併記の資料がないのに，どのようにして解読の手がかりを得ることができたのだろうか．うえで述べたように，ヒッタイト語粘土板には，表意文字，限定詞が使われており，アッカド語もしばしば混入しているために，テキストの内容についての推察はまったく不可能だったわけではない．また，表意文字がヒッタイト語でどう読まれていたかについても，いくつかの同じ言い回しのなかで，表意文字が使われている場合とヒッタイト語の表音文字が使われている場合があれば明らかになるし，逆に，そのヒッタイト語の意味も対応する表意文字からわかる．しかし何といっても，この未知の言語がどのような特徴をもち，そしてどのような系統に属する言語であるのかについては，まったく不明だった．

　ヒッタイト語の解読において画期的な役割を果たし，その後の研究の方向の重要な基礎を築いたのはアッシリア学者のフロズニー（Bedřich Hrozný）だった．フロズニーは名詞の曲用や動詞の活用，特に語尾の変化を研究するうちに，ヒッタイト語がインド・ヨーロッパ系の諸言語と非常に類似した文法形式をもっていることに気づいた．ところが，紀元前のはるか昔にインド・ヨーロッパ系の言語が小アジアの奥地で話されていて大帝国を築いていた，などという見方は，当時の学界の常識ではおよそ受け入れられない説だったので，フロズニーは慎重な態度をとった．フロズニーはさらに研究を続け，ついに彼に確信を与える一節に出会った．それはつぎの部分だった（次ページ参照）．

　⟁は，パンを意味する表意文字である（表意文字はシュ

nu	NINDA an	e iz za at te ni	

wa a tar ma　e ku ut te ni

メール語で代表させるのが慣例なので，ここではシュメール語の NINDA「パン」で転写してある）．フロズニーはつぎの e-iz-za-at-te-ni にラテン語の edere や古高地ドイツ語の ezzan を当て「パンを食べる」と解釈した．また，wa-a-tar が英語の water, e-ku-ut-te-ni がラテン語の aqua「水」に当たると考え，「水を飲む」と読んだ．さらに，NINDA-an の語尾 -an はインド・ヨーロッパ語の単数対格語尾，e-iz-za-at-te-ni と e-ku-ut-te-ni の -te-ni は2人称複数現在語尾に対応する．したがって，ほぼ全体の意味は「あなたたちはパンを食べ，水を飲む」と解することができる．

このように，語彙ばかりでなく，名詞や動詞の語尾といった言語の系統関係の決定にとって非常に重要な文法形式まで，細部にわたってインド・ヨーロッパ語起源と考えることによって説明できるのである．彼はこれ以外にもかなりの数の名詞，代名詞語尾，動詞語尾などをインド・ヨーロッパ語起源の形式として例証することができた．フロズニーはこの説を1915年にベルリンのオリエント学会で発表し，さらに

1917年には『ヒッタイト人の言語——その構造と印欧語族への帰属』(*Die Sprache der Hethiter: ihr Bau und ihre Zugehörigkeit zum indogermanischen Sprachstamm*) という著書を発表して，ヒッタイト語解読の輝かしい基礎を築いた．

しかしながら，このフロズニーの著書のなかには，表面上の類似だけで語源解釈を行なうなど，多くの不適切な内容がふくまれていた．それは彼がアッシリア学者であって，印欧語比較研究の訓練を十分に受けていなかったことが原因だった．フロズニーの欠点を修正し，本格的な解読作業を推進していったのは，ゾマー (F. Sommer)，エーエロルフ (H. Ehelolf)，フリードリッヒ (J. Friedrich)，ゲッツェ (A. Goetze)，フォラー (E. Forrer)，スタートヴァント (E. H. Sturtevant) などの欧米の印欧語学者たちだった．

今日までに発掘されたヒッタイト語の粘土板は3万点にものぼり，その多くは粘土板をそのまま模写したテキストとして出版されているが，まだ公刊されていないものもかなりある．さらに将来，まとまった粘土板が発掘されることも期待できる．テキストの出版とともに言語学的な研究もすすみ，文法書や辞書も出版されている．ただ，従来の文法書では，粘土板がどの時期に書かれたか，またそれがオリジナルかコピーかをほとんど考慮にいれていないために，多くの点で誤った説明がなされている．ヒッタイト語の文法は，近年の文献学的研究の成果にもとづいて，将来根本的に書き改められなければならない．また，ヒッタイト語はインド・ヨー

第1章 言語の歴史を考える　029

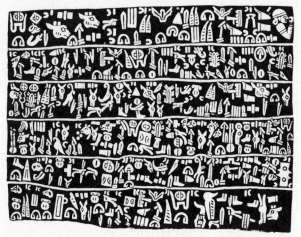

図3　象形文字ルウィ語の碑文

ロッパ諸語のなかで最も古い時期の記録をもつ言語なので，近年の印欧語比較研究においてきわめて重要な役割を果たしている．

　一方，象形文字ルウィ語は，ヒッタイト語のようにひとりの天才によって解読が手掛けられたのではなく，複数の国の研究者たちの共同作業によって，現在も解読が進行中の言語である．図3はシリア北部のカルケミシュという町から発掘された碑文のひとつの写真版である．

　碑文には独特の象形文字が刻まれている．この象形文字で書かれている言語は，ヒッタイト民族の言語と考えられたために，かつては象形文字ヒッタイト語とよばれていた．しか

図4 タルコンデモスの印章

しながら,後で述べるように,解読のある段階でヒッタイト語よりもルウィ系の言語に近いことが判明し,現在では象形文字ルウィ語と一般によばれている.

この象形文字の解読は,19世紀の後半にオックスフォード大学の東洋学者セイス(Archibald H. Sayce)によってまずはじめられたといってよいだろう.セイスは文字の数がアルファベットにしてはあまりにも多すぎることを見抜き,この象形文字は表意文字と表音文字からなっていると推定した.また,特定の文字が接辞として文法上の機能を担っていることや,「神」を表わす表意文字(同時に,限定詞としても用いられる)を認定した.セイスのあげた重要な功績のひとつに,図4に示した印章の分析がある.

この印章は,一般に「タルコンデモスの印章」として広く知られているものだが,同心円の外側には楔形文字が刻まれ,内側には中央に人物の姿が描かれており,その両側,右と左に同一の象形文字が刻まれている.セイスは,この印章

の楔形文字で書かれた内容と象形文字で書かれた内容が同じであると考えた．以下に示したのは，1行目が楔形文字の部分，2行目がその翻字，3行目が象形文字の部分である．

(1) [楔形文字]

(2) ᵐTar kum mu wa LUGAL KUR ᵁᴿᵁMe ra a

(3) [象形文字]

楔形文字の部分は，「ᵐ，ᵁᴿᵁ がそれぞれ男の名前，町の名前を表わす限定詞であり，LUGAL，KUR はそれぞれ「王」と「国」を表わす表意文字（転写の際はシュメール語で代表させている）である．したがって，「メラーの国の王タルクムワ」と解釈することができる．これをふまえて，象形文字のうち と は他の刻文にもよくみられるため，楔形文字の と に対応させて，それぞれ「王」と「国」を意味する表意文字であるとセイスは考えた．

その後，新しい碑文がつぎつぎと発見報告されたが，研究のめざましい進展はみられず，解読作業は遅々としてすすまなかった．しかしながら，1930年頃からイタリアのメリッジ（P. Meriggi），アメリカのゲルプ（I. Gelb），スイスのフォラー（E. Forrer），ドイツのボッセルト（H. Bossert）などの学者たちの努力により，かなり多くの成果が徐々にあがっていった．彼らは，楔形文字資料を手がかりにして，象形文字碑文にみられる地名や王名などを同定しながら，表音文

字の音価を確定したり,楔形文字資料と同じ言い回しと思われる箇所(たとえば,「〜王,〜王の息子,〜王の孫,〜王の子孫」など)から,(「息子」,「孫」,「子孫」などに当たる)表意文字の意味を推定する作業を根気づよく続けた.その結果,第2次世界大戦までに,55の表音文字の音価と多くの表意文字や限定詞の意味について,同じ見解に到達した.

1947年には,ついにトルコ南東部のカラテペで75行からなるフェニキア語との対訳碑文がボッセルトによって発見された.この発見によって,ほとんどの文字の音価と意味について,それまでの研究が正しい方向をすすんでいたことが確認され,さらに新しい文字の音価や意味が明らかにされ,動詞の活用や名詞の曲用などについても多くのことがわかった.

その後の解読過程のなかで,1973年に大きな転機が訪れた.ロンドンで開催された王立アジア協会のシンポジウムにおいて,イギリスのホーキンス(D. Hawkins)とモルプルゴ・デイヴィス(A. Morpurgo Davies),それにドイツのノイマン(G. Neumann)が,従来のいくつかの表音文字に対して新しい音価を提案した.それ以前は,以下の4つの文字は,単に現われる頻度が高いという理由だけで,母音であると推定され,ˉという補助記号は母音の長さを表わすと考えられていた.

	↑	≋	∩	Q
古い解釈	i	ī	a	ā
新しい解釈	zi	za	i	ia

ところが，実際にはこの推定を支持する根拠が特にあるわけではなかった．これに対して，うえの3人の学者は独自の根拠にもとづいて，新しい解釈を提出したのである．当時トルコで発掘された壺に，象形文字で2つの目盛りが刻まれているものがあった．それらは，

で，これらは従来の読みにしたがうと，á-há + ra-ku, および，tu-ru-ī または tu + ra-ī となる．これらは，それぞれ楔形文字で書かれた aqarqi (a-qar-qi) と ṭerusi (ṭé/ṭè-ru-si) に対応する．ここで問題となるのは， という象形文字をふくむ後者である．

楔形文字 ṭerusi ＝ 象形文字 tu-ru- または tu + ra-

この対応において，もしも という象形文字が従来どおりの ī を表わすならば，楔形文字の si とうまくあわない．もちろん，母音についての一致は不完全であるが， が「摩擦音＋母音」の音価をもつという可能性をこの対応は強く示唆している．そこで，彼らは の子音部分として，他のアナトリアの言語にはみられるが，従来の象形文字の読みには欠けていた z を推定した．また，それまで母音の長さを示すと考えられていた ᷄ という補助記号に対しても，古い碑文では ᷄ のかわりに à を表わす が使われていることがわかったために，補助記号 ᷄ は a を示していると考えた．つまり， は

za，↑は「z＋母音」を表わすと考えたのである．

この新しい解釈にしたがうと母音iを表わす文字がなくなるために，従来aを表わすと考えられていた⋂はiを，āを表わすと考えられていた≈をもつ⋂̤はiaを表わすとホーキンスらは提案した（古い解釈と新しい解釈のあいだの音価の違いは，うえにまとめて示してある）．この4つの文字が表わす音価の変更にともなって，従来，同じくi，ī，a，āと読まれていた他のいくつかの文字にも，zi，za，i，iaという新しい音価が与えられるようになった．

この革新的な解釈は，従来不可解だった文法の諸現象の謎をとりのぞいただけではなく，象形文字で書かれている言語の位置づけにも影響を与えた．すなわち，新しい解釈では，「これ」を意味する指示代名詞はza-となり，ヒッタイト語のka-よりも楔形文字ルウィ語のza-に近くなり，また複数与格語尾も-(n)zaとなり，ヒッタイト語の-ašよりも楔形文字ルウィ語の-nzaに近くなるなど，従来，象形文字ヒッタイト語とよばれていたこの言語が，楔形文字ルウィ語などのルウィ系の言語に近いことが明らかになり，これによって現在では一般に象形文字ルウィ語とよばれるようになった．

このように解読がかなりすすんでいるとはいえ，この言語には文字組織や言語体系の面で不明な点が多く残されており，新しい資料の発掘とあわせて，研究の進展が大いに期待されている．

第2章　比較方法

第1節　祖語を推定する

　個々の言語がその内部の歴史のなかでどのような変化をたどったかを知るには，その言語で記録された資料が比較的豊富な場合には，それぞれの時期の資料を記述的に分析し，そのうえで通時的な立場から各時期の言語状態を比較検討すればよい．この手続きについては，すでに前章第1節で，互いに違った時期の英語で書かれた新約聖書の一節を対象にして，基本的なやり方を示した．しかし，その言語が，記録に現われる以前の段階でどのような姿をしていたのかという問題については，この方法では限界に直面する．

　問題となる言語が歴史時代以前に外部からまったく孤立していた場合をのぞけば，言語の先史として，たとえば，つぎのような状況が考えられる．かりに，かなり広い地域を支配する共同体が存在し，そのなかでAという言語がくまなく使われていたとしよう（図5参照）．その後に，別の共同体が北方から侵入し，もとの共同体の東側の地域を残りから分断した．また，西側の地域の住民も，一部は宗教的な理由で北西の方向に移動し，他の一部は伝染病からまぬがれるため

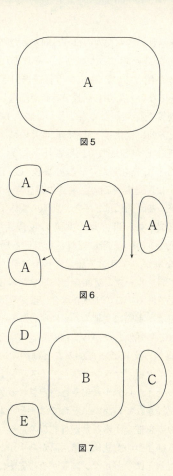

図5

図6

図7

にその地域を離れ,さらに西のほうへ向かったとしよう(図6参照).この分裂が起こった当初は,それぞれの地域で,もとの共同体が使っていたAという言語が引き続き用いられていたに違いない.しかし,長い時間が経過し,さらに各地域間の大規模な接触がなくなると,言語Aはそれぞれの地域で違った方向に変化し,最終的には互いに伝達不可能な言語B, C, D, Eが各地域で使用されるようになった(図7参照).こうして成立した4つの言語B, C, D, Eは,歴史的には互いに関連しており,共通の祖語である言語Aにさかのぼるが,共時的にはまったく別個の言語である.

　同じ系統に属する諸言語の共通の親言語である祖語(proto-language)が,実際に記録されている場合がある.その代表的な例が,フランス語,スペイン語,ポルトガル語,イタリア語,ルーマニア語などのロマンス諸語の源である俗ラテン語である.このような場合には,分派諸言語の記録以前の歴史は,実際に文献のうえに現われる祖語の姿から明らかにされる.しかしながら,たいていの場合,祖語が実際の文献記録のうえに残っていることは稀である.たとえば,英語,ドイツ語,オランダ語,アイスランド語などのゲルマン諸語がそこから分かれ出たと想定されるゲルマン祖語はどこにも記録されていない.それでは,どのような方法によって祖語の姿を推定することが可能なのだろうか.

　考えられるひとつの方法は,借用語から手がかりを得ることである.たとえば,ゲルマン語族がその先史においてフィン語族と接触していたことはよく知られている.その結果,

かなりのゲルマン語固有の語彙が借用語としてフィンランド語に入った．そのひとつに，rengas「環」というゲルマン起源の語がある．一方，もとのゲルマン語では，古アイスランド語の hringr，古期英語，古サクソン語，古高地ドイツ語の hring という形が残っている．ところでフィンランド語は，言語変化の観点からはきわめて保守的な言語である．うえにあげた rengas の場合も，子音については借用の際に語頭の h を落として母語風にしたものの，母音については借用の時期の状態をそのまま保存していると考えられる．したがって，鼻音の前で e が i になる変化と語末音節の母音を失う変化がゲルマン諸語に生じる以前の状態が，フィンランド語の rengas という語のなかに間接的に反映されている（ただし，古期ゲルマン語のルーン碑文では語末音節の母音は消失していない）．つまり，ゲルマン語内部のデータだけでは推定不可能なより古い祖形として *hrengaz をたてる根拠が，フィンランド語に入った借用語によって与えられるのである（* は，理論的に復元された祖形を示す）．

　しかしながら，借用語のなかに言語形式のより古い状態の痕跡を探るこの方法は，結局のところ，言語の先史のごくかぎられた面の復元に貢献するだけである．しかも，借用関係が認められない場合には，まったく役に立たない．だが，文献に記録される以前の言語の状態を知るうえで，このやり方よりもはるかに実質的な成果をおさめることのできる別の方法がある．それが，これから述べる比較方法である．

第2節　比較方法

　比較方法の目標は，同系統に属する，あるいは属すると考えうるいくつかの言語のデータにもとづいて祖語を再建し，分派諸語が祖語の時期からどのような変化をたどって成立したのかを明らかにすることにある．

　まず，表1をみてみよう．そこには，印欧語族に所属するラテン語，ギリシア語，サンスクリット語，ゴート語と，非印欧語系の言語であるトルコ語の「2」から「10」までの数詞が示されている．

　それぞれの数詞を観察すると，うえに示した4つの印欧諸語のあいだには類似点が顕著であることに気づく．これに対して，トルコ語の場合は，どの数詞をとっても，他の印欧諸語に似ているとはいえない．

　それでは，この印欧諸語間の類似はどのように理解すればよいのだろうか．まず，それは単なる偶然の類似であるとしてとらえられるかもしれない．しかし，一見して明らかなように，単なる偶然とみなすには，類似はあまりにも著しい．つぎに考えられる可能性として，借用がある．しかし，数詞のような基本語彙が，ひとつの言語から他の3つの言語に体系的に借用されるといったことは，まずありえない．唯一の納得のいく説明は，それらの形式が記録のうえでは存在しない，共通の源である印欧祖語の形式を伝承していると考えることである．つまり，うえの数詞の類似は，単なる偶然で

ラテン語	ギリシア語	サンスクリット語	ゴート語	トルコ語	
duo	dýo	dvau	twai	iki	「2」
trēs	treĩs	trayaḥ	þreis	üç	「3」
quattuor	téttares	catvâraḥ	fidwor	dört	「4」
quīnque	pénte	pañca	fimf	beş	「5」
sex	héx	ṣaṭ	saihs	altı	「6」
septem	heptá	sapta	sibun	yedi	「7」
octō	oktṓ	aṣṭau	ahtau	sekiz	「8」
novem	ennéa	nava	niun	dokuz	「9」
decem	déka	daśa	taihun	on	「10」

表1

も借用でもなく,歴史的な結びつきによって,はじめて自然に説明されるのである.

これまで,表1の4つの印欧語の数詞に関して,表面的な類似だけを問題にしてきた.とはいえ,個々の言語で,それぞれの数詞が細部において異なっていることも明らかである.しかも,単に異なっているだけでなく,相異そのものが体系をなしていることに注目しなければならない.

たとえば,「2」を表わす数詞では,ラテン語,ギリシア語,サンスクリット語の語頭がdであるのに対して,ゴート語ではtで現われている.これとまったく並行した対応関係が,「10」においてもみられる.また,「7」を表わす数詞について,ラテン語em:ギリシア語a:サンスクリット語a:ゴート語unという対応が語末に見いだされる.これも「7」だけにかぎられているのではなく,「9」と「10」を表わす数詞にも,同じ対応が観察される.

この規則的な音韻対応は何を意味しているのだろうか.印

欧祖語から分岐した諸言語が，分離後のそれぞれの歴史のなかで，独自の変化をこうむったことは，疑うことはできない．その場合，変化はけっして散発的に起こったのではなく，変化が起こる条件さえ満たされるならば，すべての語彙に規則的に生じたのだということをうえの対応は示している．音変化の規則性，つまり変化は，けっして恣意的に起こるのではないという基本原理のうえに立つことによって，歴史比較言語学は体系的な科学として成立するのである．

つぎに，比較方法の適用はどのような手続きによって行なわれるのかを述べよう．言語の再建においては，音韻組織と形態組織の再建が重要だが，ここではその基礎になる語彙の再建に限定して話をすすめることにする．

まず最初の手続きとして，歴史的に関連している複数の言語にみられる同源語の認定からはじめなければならない．同源語とは共通の祖形に由来すると考えうる語のセットのことで，それらは通常，形式的にも意味的にも比較的似かよっている．比較研究においては，借用関係があったとは普通考えられない基本語彙が，最も信頼のおける対象となる．

つぎに，同源語のあいだに潜在する音の対応を探ることが求められる．多くの同源語のセットのなかに同じ対応が認められるならば，それは確実な音対応として設定されるのである．

こうして得られた対応を合理的に説明する祖形と，それぞれの分派諸言語の先史に生じたと考えられる音変化の規則を決定することが，最後に必要なステップである．

音変化の規則を決定するには，変化の自然性が重要な鍵を

にぎる．なぜなら，ある形式と祖形とが，およそありえない不自然な変化を媒介として結びつけられるならば，実際にはそのような変化が起こらなかった蓋然性のほうが高いからである．

ごく単純な例をあげよう．たとえば，「100」を表わすラテン語 centum，ゴート語 hund，リトアニア語 šim̃tas (～は，アクセントを示す) のあいだには，鼻音に関して n：n：m という対応が歯茎音（この場合は，t あるいは d）の前で認められる．3つの言語のうち，ラテン語とゴート語で n が現われているために，祖形に *n をたて，これらの2つの言語で *n がそのまま保存され，リトアニア語においてのみ *n が m に変化したと推定することは，それ自体は何ら不自然ではない．それどころか，この見方の根底にある，いわゆる多数決の方法（分派諸言語にもっとも多くみられる音を祖語にたてよという考え方）というものは，祖語を再建する場合の最もオーソドックスな方法である．

しかし，この場合，もしそのように考えると，リトアニア語において n⟶m/＿＿t という条件変化を設定しなければならないことになる．歯茎音の前で n が m になる変化は，はたして自然といえるのだろうか．一方，逆の変化，つまり m が歯茎音の前で n になる変化は，調音点に関して m が後続する t あるいは d に同化した結果，n になる現象であり，まったく自然な逆行同化の変化として，多くの言語に類似した変化が認められる．たとえば，ラテン語 septem「7」，somnus「眠り」は，イタリア語でそれぞれ sette，sonno に

なっているし，またラテン語 hominem「人（対格）」は，フランス語で語中の i が脱落した後（語中音脱落 syncope），調音点において先行する m に進行同化した結果，homme となっている．したがって，音変化の自然性という立場からみれば，祖形に *m（あるいはそれに近い音）をたて，ラテン語とゴート語のそれぞれの先史の時期に m⟶n/___t（あるいは d）という変化が別個に起こったとみなすほうが，より有力な解釈となるのである（ちなみに，「100」の祖形としては，*k̂m̥tom が再建される．k̂ は硬口蓋寄りの k，m̥ は音節を形成する母音的な m を表わす）．

このようなプロセスを経て再建される祖形は，分派諸言語にみられる対応関係を合理的に説明するために理論的に要請される形式である．したがって，新しい言語事実の発見やデータのより優れた解釈によって，常に改変されうる性質のものである．

うえで簡単にその手続きを述べた比較方法を，以下，具体的なデータに適用してみよう．表2に示したのは，印欧語族のインド・イラン語派に属するサンスクリット語，古ペルシア語，アヴェスタにみられる同源語のセットである．

サンスクリット語と古ペルシア語とアヴェスタのあいだの親縁関係は，図8のように示すことができる．

表2にあげた1から17までの同源語のセットのそれぞれに対して，イラン祖語とインド・イラン祖語の段階における形式を再建してみよう．また，インド・イラン祖語からイラン祖語，インド・イラン祖語からサンスクリット語，イラン

サンスクリット語	古ペルシア語	アヴェスタ	
1. tanū-	tanū-	tanū-	「身体」
2. pathi-	paθi-		「道」
3. sad-	had-	had-	「すわる」
4. dhāraya-	dāraya-	dāraya-	「支える」
5. adhā	adā	adā	「そこで」
6. pra	fra	fra	「前に」
7. kṣap-	xšap-	xšap-	「夜」
8. abhi	abi	abi	「の方へ」
9. kāma-	kāma-	kāma-	「愛欲」
10. gharma-	garma-	garma-	「熱」
11. kratvā	xraθuvā	xraθvā	「力で（単数具格）」
12. bhaga-	baga-	baga-	「神」
13. nāsam	nāham	nāham	「鼻（単数対格）」
14. satya-	hašiya-	haθya-	「真実」
15. asti	asti	asti	「ある（3人称単数現在）」
16. kapha-		kafa-	「痰」
17. mayūkha-	mayūxa-		「釘」

表2

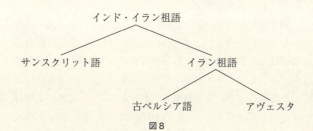

図8

祖語から古ペルシア語，イラン祖語からアヴェスタに到達するあいだに，それぞれどのような変化が起こったかということも同時に考えてみよう（ただし，ここで再構成しようとする祖形と音変化の規則は，表2のデータを説明するためだけのものであるから，印欧語比較文法の観点から受け入れられているものに必ずしも合致するとはかぎらない）．

まず同源語間にみられる対応関係を決定することからはじめなければならない．母音に関しては，サンスクリット語（Skt.＝Sanskrit），古ペルシア語（OP.＝Old Persian），アヴェスタ（Av.＝Avestan）のあいだに違いがないために，それぞれの母音はイラン祖語（PIr.＝Proto-Iranian）およびインド・イラン祖語（PIIr.＝Proto-Indo-Iranian）に直接さかのぼると考えてよい．

つぎに，子音については表3に示した対応が認められる（括弧内の数字は，問題となる対応がみられる表2の同源語のセットの番号をさす）．

表3に示した24の対応のうち，サンスクリット語，古ペルシア語，アヴェスタの3つの言語で同じ子音が現われる場合は，基本的には，その子音は個々の分派諸言語で変化を受けることなく，インド・イラン祖語に再建される形式にふくまれる音をそのまま継承したと考えてよい．これにあてはまる対応は，表3の1, 2, 3, 11, 12, 16, 19, 20, 21, 22である．

同様に，古ペルシア語とアヴェスタのあいだで同一の子音が現われる場合も，やはりその音をそのままイラン祖語に再

	サンスクリット語	古ペルシア語	アヴェスタ	
1.	p	p	p	(2, 7)
2.	t	t	t	(1, 15)
3.	k	k	k	(9, 16)
4.	p	f	f	(6)
5.	t	θ	θ	(11)
6.	t	š	θ	(14)
7.	k	x	x	(7, 11)
8.	ph		f	(16)
9.	th	θ		(2)
10.	kh	x		(17)
11.	d	d	d	(3)
12.	g	g	g	(12)
13.	bh	b	b	(8, 12)
14.	dh	d	d	(4, 5)
15.	gh	g	g	(10)
16.	s	s	s	(15)
17.	s	h	h	(3, 13, 14)
18.	ṣ	š	š	(7)
19.	m	m	m	(9, 10, 13, 17)
20.	n	n	n	(1, 13)
21.	r	r	r	(4, 6, 10, 11)
22.	y	y	y	(4, 17)
23.	y	iy	y	(14)
24.	v	uv	v	(11)

表3

建してよい.これに該当する対応例は,4, 5, 7, 13, 14, 15, 17, 18である.たとえば,7にみられる Skt. k：OP. x：Av. x という対応では,*x をイラン祖語（PIr.）にたててよい.

第2章 比較方法 047

つぎに問題となるのは，インド・イラン祖語（PIIr.）に再建されるのが，うえでイラン祖語にたてた *x であるのか，それともサンスクリット語のkであるのかである．もし *k をたてるなら，PIIr. *k ⟶ PIr. *x という音変化を考えなければならない．逆に，*x をたてるなら，PIIr. *x ⟶ Skt. k という変化規則がサンスクリット語のほうではたらいたと考えなければならない．

ところで，表3の対応表には，うえの Skt. k : OP. x : Av. x という対応以外に，Skt. k : OP. k : Av. k という対応があることに気づく．つまり，サンスクリット語のkに対して，イラン祖語は2つの音で対応するのである．ところが，この2つの対応が現われる環境に注目すると，両者はまったく相補的であることがわかる．つまり，k : x : x の対応は表2の7，11の例に，k : k : k の対応は表2の9，16の例にみられるが（ただし16では古ペルシア語の例が記録にない），前者は子音の前で，後者は母音の前で現われている．対応が現われる環境のこの相補的な分布を重視するならば，インド・イラン祖語に *k をたて，それがサンスクリット語ではそのまま保存されるが，イラン祖語では子音の前で摩擦音化して *x になったと考えることができる．この見方とは逆に，インド・イラン祖語に *x をたてるなら，PIIr. *x がサンスクリット語で無条件にkになる一方，イラン祖語では母音の前においてのみ *k になるという複雑な，しかも音声学的に不自然な変化を認めなければならない．

変化が特定の分節素（segment）だけに起こるのではな

く，いくつかの弁別素性によって特徴づけられるクラスのすべての成員（いわゆる「自然類」）に起こるならば，それはより一般的な音変化として捉えられる．この点で，うえでみた PIIr. *k⟶PIr. *x/___C という変化は，より一般的な立場から統一的に解釈することができる．つまり，Skt. k：OP. k：Av. k と Skt. k：OP. x：Av. x に並行した対応関係，すなわち，Skt. p：OP. p：Av. p と Skt. p：OP. f：Av. f，および，Skt. t：OP. t：Av. t と Skt. t：OP. θ：Av. θ が，表3の1，4，2，5に認められるのである．そして，Skt. p：OP. f：Av. f と Skt. t：OP. θ：Av. θ の対応は，いずれも子音の前で現われている（表2の6と11を参照）．したがって，インド・イラン祖語のすべての無声無気閉鎖音がイラン祖語では子音の前の位置で摩擦化したと考えられる．この規則を定式化すると，つぎのようになる．

(1)   C   ⟶ [+継続性]/___C
      [−有声性]

つぎに，有声閉鎖音の系列をみてみよう．直接インド・イラン祖語にさかのぼると考えられる Skt. d：OP. d：Av. d と Skt. g：OP. g：Av. g 以外に，Skt. bh：OP. b：Av. b, Skt. dh：OP. d：Av. d, Skt. gh：OP. g：Av. g という対応が，表3の13，14，15に見いだされる．この2種類の対応関係を説明するために，もしインド・イラン祖語に *b, *d, *g をたてたのでは，どういう場合にそれらがサンスクリット語で気息（h）をともなう帯気音になり，どういう場

合に保存されるのかという条件を決定することができない(表2の3, 5, 8, 10, 12を参照). したがって, 表3の13, 14, 15の対応を説明するには, インド・イラン祖語に *bh, *dh, *gh をたて, イラン祖語でそれらが無条件に帯気性を失ったと解釈しなければならない. この規則は, つぎのように定式化される.

(2)　　C　　⟶ [−帯気性]
　　[+有声性]

サンスクリット語で無声帯気音で現われる表3の8, 9, 10については, 3つの言語で完全な対応を示していないが, サンスクリット語のph, th, khがイラン祖語の *f, *θ, *x に対応すると考えてさしつかえないだろう. この場合, インド・イラン祖語に再建されるのは, *ph, *th, *kh であるのか, それとも *f, *θ, *x であるのかが問題となる. *ph, *th, *kh から *f, *θ, *x への変化と, *f, *θ, *x から *ph, *th, *kh への変化では, どちらが音声学的により自然かというと, それは前者のほうである. 類型論的にみると, まったく同じ変化は, たとえばギリシア語の内部の歴史で生じている. すなわち, 古代ギリシア語の無声帯気音は現代ギリシア語では無声摩擦音になっている. したがって,

(3)　　C　　⟶ [+継続性
　　[−有声性　　　−帯気性]
　　 +帯気性]

という変化規則がインド・イラン祖語からイラン祖語のあいだの段階にはたらいたと考えられる.

摩擦音については, 表3の16, 17にみられるsをふくむ2つの対応 (Skt. s : OP. s : Av. s と Skt. s : OP. h : Av. h) をまず分析しよう. ここでもやはり, これらの2つの対応が現われる環境が相補的であることに注目してほしい. 前者は子音の前にみられるが, 後者は母音の前にかぎられている (表2の15, 3, 13, 14の例を参照). sが母音の前でhになる変化は, たとえばギリシア語の先史においても語頭の位置で起こったごく自然なものなので, インド・イラン祖語の*sはサンスクリット語でそのまま保存されたが, イラン祖語の段階で,

(4) s⟶h/＿＿V

という条件変化が起こったと考えればよい.

表3の18のSkt. ṣ : OP. š : Av. š に関しては, Skt. ṣ が PIr. の *š に対応することは間違いない. だが, インド・イラン祖語にどちらをたてるか, あるいは別の音をたてるかについては, これだけのデータだけからでは決定できない. しかし, 反舌音(舌先を前部硬口蓋より後ろに反らせる)の ṣ が他の印欧諸語にはみられないため, 隣接する非印欧語系であるドラヴィダ語の影響のもとで, サンスクリット語が特別の環境で2次的に ṣ をつくりだしたという解釈をとるならば,

(5) š⟶ṣ/k＿＿

という条件変化がインド・イラン祖語からサンスクリット語への段階で起こったと考えられる.

ソナント（共鳴音. 他の子音よりも共鳴度が高いy, w, r, l, m, nを指す）については, 表3の19から24の対応例から明らかなように, インド・イラン祖語の音形式がおおむね保存されている. ただ, 23と24のSkt. y：OP. iy：Av. yとSkt. v：OP. uv：Av. vの対応, およびこれらの対応がみられる表2の14と11の例から, 子音の後のyとvの前に, それぞれ対応する母音iとuを差しはさむ変化（epenthesis），

(6) y, v ──→ iy, uv/C＿＿

が, 古ペルシア語で起こっていることがわかる.

イラン祖語から古ペルシア語への段階で起こった変化を, もうひとつ設定しなければならない. それは, 表3の6にみられるSkt. t：OP. š：Av. θという対応を説明する変化規則である. この対応は, 表2の14の例に認められる. この例のインド・イラン祖語における形式として, すでにみた音変化にもとづいて *satya- がたてられるだろう. これはうえに述べた (1) と (4) の規則によって, イラン祖語の段階では *haθya- となった. この祖形はアヴェスタでそのまま存続しているが, 古ペルシア語のhašiya-を説明するには, うえの (6) の規則に加えて, PIr. *θがOP. šになる規則をたてる必要がある. この規則は, yもしくはiの前でのθの口蓋化というまったく自然な逆行同化として理解される.

しかし，問題となるのは，この変化が起こった相対的な時期である．つまり，これがyの前で起こったのなら(6)の変化以前であり，iの前なら(6)の変化以後に生じたと考えなければならない．この2つの可能性のうち，どちらか一方を選ぶ根拠がデータのなかにあるだろうか．表2の2の例をみてほしい．この例のイラン祖語の形式としては，うえの(3)の規則によって，*paθi-がたてられる（インド・イラン祖語 *pathi-）．もしθがiの前で口蓋化するのなら，古ペルシア語の形としてpaši-が予想される．しかし，実際の形はpaši-ではなくpaθi-である．したがって，古ペルシア語で起こった変化は，

(7) θ⟶š/___y

であり，この変化の後で(6)の語中音添加（epenthesis）が起こったと考えることによって，データが矛盾なく説明されるのである．

　以上の分析によって，表2に示した1から17までの同源語のインド・イラン祖語，およびイラン祖語における形式が明らかになる．それらは，表4のとおりである．

　また，それぞれの段階に起こった変化規則をもう一度整理すると，つぎのようになる．

インド・イラン祖語からイラン祖語への段階：

(1) C ⟶ [+継続性]/＿＿C
    [−有声性]

(2) C ⟶ [−帯気性]
    [+有声性]

(3) C ⟶ [+継続性]
    [−有声性]   [−帯気性]
    [+帯気性]

(4) s ⟶ h/＿＿V

インド・イラン祖語からサンスクリット語への段階：

(5) š ⟶ ṣ/k＿＿

イラン祖語から古ペルシア語への段階：

(6) y, v ⟶ iy, uv/C＿＿

(7) θ ⟶ š/＿＿y

(うえの2つの規則 (6) と (7) については, (7) のほうが歴史的に早く起こった)

 以上の7つの変化規則は, 表4に示された祖語に推定される形式と表2のサンスクリット語, 古ペルシア語, アヴェスタの3つの言語資料に実際に残っている形式との関係を説明してくれるもので, それぞれの言語が祖語の時期からどのような変化をこうむって成立したものであるかを明らか

	インド・イラン祖語	イラン祖語
1.	*tanū-	*tanū-
2.	*pathi-	*paθi-
3.	*sad-	*had-
4.	*dhāraya-	*dāraya-
5.	*adhā	*adā
6.	*pra	*fra
7.	*kšap-	*xšap-
8.	*abhi	*abi
9.	*kāma-	*kāma-
10.	*gharma-	*garma
11.	*kratvā	*xraθvā
12.	*bhaga-	*baga-
13.	*nāsam	*nāham
14.	*satya-	*haθya-
15.	*asti	*asti
16.	*kapha-	*kafa-
17.	*mayūkha-	*mayūxa-

表4

にしてくれる.

比較方法では,データをすみずみまで綿密に検討しなければならないことが,うえの分析で明らかになったと思う.このような配慮は,変化規則の厳密な定式化だけでなく,それぞれの変化が起こった相対的な時期を知るうえでも役立つのである.

第3節　再建される祖語の性格

　近代科学としての比較言語学がはじまったのは，1786年にインドのベンガル州で開かれた王立アジア協会で，イギリスの東洋学者ウィリアム・ジョーンズ卿（Sir William Jones, 1746-94）が行なった講演にさかのぼると一般に考えられている．この講演のなかで，ジョーンズは，古代インドのサンスクリット語が語彙の面においても，文法構造の面においても，それまでに知られていたギリシア語やラテン語などと，およそ偶然とは考えられない共通の特徴をもっていることを指摘した．さらに，この類似は非常に著しいので，サンスクリット語とギリシア語とラテン語が，おそらくもはや存在しないある共通の源（some common source）となるひとつの言語から生じたのであろうと推定した．この「ある共通の源」とは，明らかに祖語を意図していると考えられる．

　このジョーンズの重要な指摘が契機となり，比較言語学とサンスクリット語の研究に大きな関心が寄せられるようになった．なかでもボップ（F. Bopp, 1791-1867）が1816年に著わした『ギリシア語，ラテン語，ペルシア語，およびゲルマン語との比較におけるサンスクリット語の活用組織について』（*Über das Konjugationssystem der Sanskritsprache in Vergleichung mit jenem der griechischen, lateinischen, persischen und germanischen Sprache*）という研究は，印欧語比較研究の創始者としての地位をボップに与えるものだっ

た．しかしながら，彼は文法形式の表面的な類似だけにとらわれて，音法則にはまったく無理解だった．

比較言語学における音韻対応の重要性は，ラスク（R. Rask, 1787-1832）とグリム（J. Grimm, 1785-1863）によって指摘された．なかでもグリムは，『ドイツ語文法』(*Deutsche Grammatik*) の第2版（1822）において，ラスクがすでに注目していたゲルマン語と他の印欧諸語とのあいだの子音の対応にもとづいて，後に「グリムの法則」として知られるようになるゲルマン語の子音推移を体系的に提示した．しかしながら，この法則に合わない，一見不規則のようにみえる対応もいくつか残った．この例外的な対応が，散発的に生じる予測不可能なものではなく，言語学的な要因に支配されていることを示したのは，グラスマン（H. Grassmann, 1809-77）とヴェルネル（K. Verner, 1846-96）だった．彼らは，例外的にみえる対応も，言語事実を細部にわたって検討するならば，規則的に説明できるという方向を切り開いた点で，大きな功績を残した．

グリムやラスクによって音対応の重要性が唱えられたことは，すでに述べた．しかし，その対応にもとづいて祖語を再建するという問題には，まだ手がつけられないままだった．この問題に初めて挑んだのが，シュライヒャー（A. Schleicher, 1821-68）だった．彼は，1861年に，『インド・ゲルマン諸語比較文法綱要』(*Compendium der vergleichenden Grammatik der indogermanischen Sprachen*) を発表した．これはボップの著作とは異なり，音韻論がきわめて充実

していた.この研究のなかでシュライヒャーは,再建形を提示することによって方法論の進歩をはかった.この方法は,印欧諸語の比較によって再建される祖語は,生き残った諸言語の母体ともいえるものであって,もはや存在していないこと,また祖語の再建を行なうためには,対応を説明する音変化を細部にわたって,周到に配慮しなければならないことをさとらせる利点があった.

シュライヒャーは1868年に,再建された祖語を用いた「羊と馬」という短い寓話を発表した.この印欧祖語で書かれた寓話の表題の部分を,対応するサンスクリット語,ギリシア語,ラテン語の形式と合わせて示すとつぎのようになる.

	「羊	馬（複数）	と」
シュライヒャーの再建形	*Avis	akvāsas	ka
サンスクリット語	avis	aśvās(as)	ca
ギリシア語	oīs	híppoi	te
ラテン語	ovis	equī	que

シュライヒャーの再建形は,サンスクリット語の形式に近いことが一目瞭然である.母音についてはサンスクリットの母音がそのまま再建形にさかのぼり,子音についてもサンスクリット語を基本とし,それにすこし変更を加えたものが祖語に設定されている.これは,サンスクリット語は印欧祖語そのものではないが,あらゆる面で印欧祖語にきわめて近いという,当時の主流であった見方を反映していると考えられる.

このサンスクリット語中心主義的な考えをくずしたのが,

いわゆる「口蓋化の法則」である．シュライヒャーは印欧祖語の短母音体系として，a, i, uの3母音体系を考えていた．これは，サンスクリット語の体系と同じである．うえに示した再建形をふくむ例においても，ラテン語でo, eで対応する場合に，サンスクリット語のaを祖形にたてていた．その理由はサンスクリット語がもっとも祖語に近いという信念から脱することができなかったことによると考えられる．しかし，祖語に3つの短母音を再建するこの見方では，どうしても納得のいく説明が与えられない例があった．それは，つぎのような例である．

サンスクリット語	ラテン語	
ca [tʃa]	que [kʷe]	「と，そして」
ka- [ka]	quod [kʷod]	「誰，何」

この2つの例に対して，シュライヒャーは語頭に *k をたてた．そして，再建形の *k がサンスクリット語において，最初の例ではcで現われるのに対して，2番目の例ではkで現われることについては，*k⟶tʃ のような変化は散発的に起こるものであるといった一貫性のない，苦しまぎれの説明しかすることができなかった．なぜこのような説明しかできなかったかというと，それは印欧祖語はサンスクリット語と同じ3母音体系をもつ言語であるという先入観にしばられていたためである．

ところが，発想を根本的に変えて，母音組織に関するかぎり，サンスクリット語よりもラテン語のほうに印欧祖語の状

態が保持されているという立場に立つならば，うえの例に対してごく自然な説明を与えることができる．つまり，印欧祖語にラテン語と同じ5つの母音 a, e, i, o, u からなる5母音組織をたて，サンスクリット語ではeをふくむ前舌母音 e, i の前で *k⟶tʃ という口蓋化が生じたが，後舌母音 a, o, u の前では生じなかった，そしてこの口蓋化の変化が起こった後に母音 e と o が a に融合したと考えれば，うえの現象に対して整合性のある説明をすることができる．これを定式化すると，つぎの3つの音変化 (I), (II), (III) が，この順に，サンスクリット語の先史のなかで生じたと考えればよい．

 (I) 　*kʷ⟶*k
 (II) 　*k⟶c/___前舌母音
 (III) 　*e, *o⟶a

歴史的な立場から，うえの2つのサンスクリット語の派生を示せば，以下のようになる（上段の形式にすぐ下段の規則が順次，適用されたというふうに読む．「──」は形式に変化がなかったことを示す）．

祖形	*kʷe	*kʷo-
規則 (I)	ke	ko-
規則 (II)	ce	──
規則 (III)	ca	ka-
サンスクリット語	ca「そして」	ka-「誰」

この口蓋化の法則の発見により，サンスクリット中心主義からの離脱がいっそうすすむようになり，あらゆる点でサンスクリット語が祖語に近いという考えが誤りであることがますます明白になった．さらに，うえに示したシュライヒャーの再建形が妥当ではないことも証明された．ちなみに，1939年にヒルト（H. Hirt）とアルンツ（H. Arntz）が発表した論文のなかでは，「羊と馬（複数）」を意味するシュライヒャーの再建形は，*owis ek'wōses kʷe と修正されている（k' は，前よりの軟口蓋閉鎖音を表わす）．この再建形の修正は，データに対するより優れた解釈がもたらした成果にほかならない．

　19世紀も後半になると，ライプツィヒのクルティウス（G. Curtius, 1820-85）のもとに，若い学徒たちが集まり，比較文法を語り合っていた．ブルークマン（K. Brugmann, 1849-1919），オストホーフ（H. Osthoff, 1847-1909），レスキーン（A. Leskien, 1840-1916）などに代表されるグループで，後に師クルティウスと袂を分かち，「青年文法学派」とよばれるようになった．彼らは「音法則に例外なし」を基本命題にして，厳密な文献学的配慮をおこたらず，輝かしい研究成果をおさめた．印欧語比較言語学が飛躍的に進歩した時期である．ブルークマンとデルブリュックによる『印欧語比較文法要理』（*Grundriß der vergleichenden Grammatik der indogermanischen Sprachen*, 1897-1916）は，彼らの実証的研究の集大成といえる．

　青年文法学派の功績は画期的なものだったが，彼らは個々

の事実の歴史的説明に心を奪われ，構造や体系といった概念には思いもおよばなかった．その意味で時代に先んじていたのが，スイスのドゥ・ソシュール (F. de Saussure, 1857-1913) によってパリで発表された『印欧諸語における母音の原初組織についての覚え書き』(*Mémoire sur le système primitif des voyelles dans les langues indo-européennes*, 1879) だった．当時，サンスクリット語と同じ a, i, u の 3 つの母音を祖語にたてるというシュライヒャー以前の考え方はすでにくずれ，ギリシア語やラテン語などにみられる a, e, i, o, u という 5 つの母音をたてる見方が一般的だった．この 5 つの母音のうち，形態論的な観点からみて最も重要なのは e と o だった．というのは，この 2 つは母音交替のうえで重要な役割を果たしていたからである．母音交替とは，母音の音色を替えたり（質的交替），長さを替える（量的交替）ことによって，機能的な差異をうみだす現象のことである．たとえば，動詞を例にとると，現在形の単数形，完了形の単数形，過去分詞の語根部の母音は，つぎの例にみられるように，それぞれ e, o, ゼロで特徴づけられる．

	ギリシア語	サンスクリット語	語根部の再建形
現在形	dérk-omai 「私は見る」		*derk̂-
完了形	dé-dork-a	da-darś-a	*dork̂-
過去分詞		dr̥ṣ-ṭas	*dr̥k̂-

（サンスクリット語の r̥ は，ソナント［共鳴音］の r が子音間で母音となったものを表わす．）

この例に代表されるように,「e：o：ゼロ」という交替が母音交替の基本的なパターンとして認められるが,ソシュールは母音交替の現象を比較文法の立場から詳細に分析した結果,この基本的なパターンから逸脱する不規則な例に対しても,統一的な取りあつかいができるようにこころみた.不規則な母音交替のパターンは,たとえば,つぎのような例にみられる(以下では,分派諸言語のなかで祖語の母音を最も忠実に継承しているギリシア語の例を中心にみていく).

	ギリシア語		語根部
現在形	hí-stā-mi「私は立つ」(ドーリア方言)		stā-
過去分詞	sta-tós		sta-
現在形	dí-dō-mi「私は与える」		dō-
過去分詞	do-tós		do-

うえの2つの例は,それぞれ「ā：a」,「ō：o」のように交替するようにみえ,「e：ゼロ」という基本的パターンから外れているように思える.ソシュールは,これらの例外的パターンが基本的パターンと軌を一にしていると考え,両者を統一的に説明するために,純粋に理論的な立場から,AとQという「ソナントのように機能する要素(coefficient sonantique)」が祖語に存在したと仮定した.このAとQは,分派諸言語の後の歴史のなかで完全に消失してしまったが,祖語の時期には存在したと考えられ,他の実証されているソナントとまったく並行的な位置づけが与えられた.ただ,それらが母音eに隣接する場合には,母音の音色をそ

れぞれaとoに変えるはたらきをもっていた．また，AとQはその前に母音がある場合には，単に消失するだけではなく，その母音を長くした（いわゆる代償延長とよばれる現象）．さらに，子音間に立つ場合には，うえでみたサンスクリット語のda-darś-a, dr̥ṣ-ṭasという例でソナントrがr̥になるのと同じように，母音化して，ḀとQ̥になると考えた．このソシュールの仮定を，うえの母音交替の例外的なパターンに当てはめると，つぎのような祖語の時代における歴史を想定することができる．

```
現在形    *steA-    >*staA->*stā->ギリシア語 stā-
過去分詞  *stḀ-(tos)           >ギリシア語 sta-

現在形    *deQ-     >*doQ->*dō-  >ギリシア語 dō-
過去分詞  *dQ̥-(tos)            >ギリシア語 do-
```

このソシュールの着想にしたがうと，stā-：sta-，および，dō-：*do-という語根部は，*steA-, *stḀ-, および，*deQ-, *dQ̥-という再建形にさかのぼることになる（母音化したḀとQ̥は，ギリシア語では，それぞれa, oで現われる）．この結果，例外的にみえた母音交替のパターンも，起源的には，「e：o：ゼロ」という基本的パターンからけっして外れるものではないと考えることができるのである．

　当時知られていたどんな言語にも存在しない要素を理論的な立場から祖語にたて，祖語のより古い段階を推定しようとしたソシュールのこの大胆なこころみは，次章で述べる内的再建法の代表的な例として有名である．しかしながら，実際

の記録に残っている個々の言語事実をなによりも重視して，その説明に終始した青年文法学派たちを中心とする当時の学界からは，このようなこころみは容易には受け入れられなかった．

20世紀に入り，ブルークマン，ソシュールに続く世代が比較文法の発展をうけついだ．なかでも，フランスのメイエ（A. Meillet, 1866-1936）が師ソシュールに捧げた不朽の名著『印欧語比較研究序説』（*Introduction à l'étude comparative des langues indo-européennes*, 1903）は，今日でも印欧語比較言語学の良い入門書である．しかしながら，メイエ自身は慎重な立場を貫きとおし，ソシュールの理論を発展させることには積極的ではなかった．一般に，ソシュールはあまりにも時代に先んじていたために，その真価が彼の生存中に認められることはなかったという趣旨の意見が今でもよく聞かれる．それはもちろん正しいのだが，同時に軽視してはならないのが，メイエのとった慎重な学問的姿勢である．ソシュール自身，自らの理論の直接の裏づけとなる言語事実を必ずしも十分に提示できたわけではない．したがって，理論を支える決定的な根拠が言語資料から発見されないかぎり，対応という事実を超えた言語の再建はひかえようとするメイエの態度は，それはそれで評価されるべきであろうし，またそこから学ぶところは今でもなお多いように思える．

ところが後に，思いもよらない新しい事態が到来する．それは第1章第3節で述べたヒッタイト語の発見，そしてその解読である．驚くべきことに，ソシュールが仮定した「ソ

ナントのように機能する要素」をヒッタイト語が部分的に保存していることが、メイエの高弟であるポーランドのクリウォーヴィチ（J. Kuryłowicz, 1895-1978）によって指摘されたのである．ヒッタイト語は印欧系の諸言語のなかでも最も古い時期の記録をもっているが、この言語にはḫで表記される音がみられる．クリウォーヴィチは、ソシュールがAを予測した位置に、このḫが対応して現われている例を示した．以下は、その代表例である．

ソシュールの*peAs-、ヒッタイト語paḫš-「守る」、ラテン語pāscō「育てる」

ソシュールの*Aerĝ-、ヒッタイト語ḫarkiš「白い」、ギリシア語argés「白い」、ラテン語argentum「銀」、サンスクリット語árjunaḥ「白い」

ソシュールの*Aent-、ヒッタイト語ḫantezzi「最初の」、ラテン語ante「前に」

クリウォーヴィチはこの考えを発展させ、理論的な定式化をこころみ、後に一連の研究をまとめて、『印欧語研究I』（*Études indo-européennes* I）として1935年に発表した．同じ年に、やはりメイエの高弟であったバンヴェニスト（É. Benveniste, 1902-76）が『印欧語の名詞形成法の起源』（*Origines de la formation des noms en indo-européen*）を世に問うた．この研究のなかでバンヴェニストは、すでにソシュールやクリウォーヴィチが示した着想を精密な語根理

論として見事に体系化した．その結果，すべての語根は起源的に CeC（「子音＋母音 e ＋子音」）の音節構造を示しており，母音ではじまったり終わったりしているように見える語根も，ソシュールのいうところの coefficient sonantique を本来もっていたため，統一的に CeC として捉えられると考えた．クリウォーヴィッチとバンヴェニストによるこの2つの研究は，いわゆる「喉音(こうおん)理論（laryngeal theory）」を初めて体系的に提示したものであり，以後今日にいたるまで，この理論は印欧語研究において中心的な役割を果たしている．

現在では，ソシュールの「ソナントのように機能する要素（coefficient sonantique）」は喉音（laryngeal）とよばれ，最も一般的な見方にしたがうと，祖語の時期に3種類あったと考えられており，それぞれ h_1, h_2, h_3 と表記される．すなわち，h_2 と h_3 はソシュールの A と Ǫ に該当し，この2つに，母音 e の音色を与える h_1 が後に加えられた．

現在の段階で印欧語学者が推定している祖語の姿はけっして一様ではなく，学者によってさまざまな立場がとられている．最も標準的と考えられる見方に立って，シュライヒャーの「羊と馬（複数）」を新たに再建すると，おそらく *$h_2$owis $h_1$ek̑wōses k̑ʷe という形式になるだろう（k̑ は，ヒルト－アルンツの k' と同じく，前寄りの軟口蓋閉鎖音を表わす）．この再建形には，1世紀あまり以前にシュライヒャーが初めて再構成した再建形とは，多くの点で顕著な違いがあることが容易にわかる．ここで，この再建形を，もう一度シュライヒ

ャーとヒルト-アルンツの再建形,それにサンスクリット語,ギリシア語,ラテン語の実在の形式と比較することによって,祖語として再建される形式が百年あまりのあいだにどのような変貌をとげてきたかをみてみよう.

	「羊	馬(複数)	と」
サンスクリット語	avis	aśvās(as)	ca
ギリシア語	oîs	híppoi	te
ラテン語	ovis	equī	que
シュライヒャーの再建形	*Avis	akvāsas	ka
ヒルト-アルンツの再建形	*owis	ek'wōses	kʷe
現段階における再建形	*h₂owis	h₁ekwōses	kʷe

シュライヒャーの再建形は,ギリシア語やラテン語にくらべて,はるかにサンスクリット語に近いものだった.シュライヒャーとヒルト-アルンツの再建形とのあいだの差異は,主として口蓋化の法則の発見によるものだった.つまり,サンスクリット中心主義がくずれ,母音体系については,むしろギリシア語とラテン語にみられる5母音体系のほうが古いということがわかったのである.これは,データ自体には本質的な変わりがないが,データに対するより優れた解釈がもたらした変更ということができる.

それに対して,ヒルト-アルンツの再建形と現段階の最も標準的な再建形とのあいだの相違については,2つの要因が考えられる.ひとつは,新たなデータの追加である.ヒッタイト語以外にも,アナトリア地方から発掘され,印欧語であ

ることが20世紀になってはじめて証明された言語として，楔形文字ルウィ語，象形文字ルウィ語，リュキア語などがある．「羊」を意味する形式はヒッタイト語には残っていないが，この3つの言語はそれぞれ，楔形文字ルウィ語 ḫāwiš，象形文字ルウィ語 hawa/i-，リュキア語 χava- という形式を記録に残している．これらの貴重な形式は，祖語の時期には語頭に喉音があったことを資料的に裏づけている．

　もうひとつの要因は，新しい方法論の導入によるデータのより優れた解釈である．バンヴェニストの語根理論によれば，すべての語根は本来，子音ではじまっていた．「馬」を意味する形式 *h₁ekwōses の語頭に喉音があったことは，データのうえでの直接の裏づけをもっていないが，「羊」の例を傍証として，語頭に喉音をたてることによってより整合性の高い解釈が引き出されるのである．

　比較言語学の目標が，同じ系統に属する複数の言語のデータの比較によって祖語を再建し，分派諸言語のそれぞれが祖語の段階からどの点で違った変化をこうむってきたかを解明することにあるのはいうまでもない．この場合，本節で明らかになったように，祖語とはけっして定まったものではなく，対応を合理的に説明するための理論的な要請物にすぎない．つまり，従来知られていなかった言語の発見や新しい言語資料の追加，データのより優れた解釈などによって常に改変される性格のものなのである．

第4節　系統樹モデルと波状モデル

　前節では，祖語の再建という目標に向けて，シュライヒャーが果たした大きな役割について述べた．ところで，シュライヒャーが比較言語学の発展に寄与することになったもうひとつの重要な見解がある．それは，印欧語族を単にひとつの語族としてとらえるだけにとどまらず，それに所属する諸言語間の近縁関係を系統図の形で提示したことである．もちろん，彼が当時いだいていた印欧語族の諸言語間の近縁関係についての具体的な見解は，現在ではその大部分が修正されなければならない．これは，その後の研究の進展や当時知られていなかった言語の発見にともなう必然的な結果である．しかしながら，言語間の歴史的な関係を，印欧祖語の段階からつぎつぎと枝分かれしていく系統図の形でとらえようとするシュライヒャーの基本的な考え方，いわゆる系統樹モデルという考え方自体は，いまなお言語の下位分類を示すうえで重要である．この系統樹モデルにもとづいて，代表的な印欧諸語間の現段階における最も妥当と思える関係を示すと，図9のようになる．

　この系統図は，言語の分岐を一本の木にたとえることによって，どの言語とどの言語が歴史的にみて近いか遠いかを，きわめて明確に理解することを可能にしてくれる．その際，ひとつの枝にどの言語がふり分けられるかを決定する基準，つまり言語の下位分類の基準が問題となる．もしも印欧語族

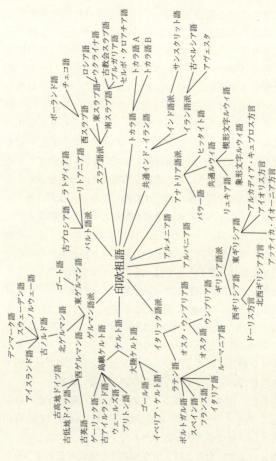

図9 印欧語の系統樹

に属するすべての言語がまったく同じように変化をするなら，言語の分岐は起こらないはずである．つまり，言語が分化するのは，それぞれの言語，あるいは言語群が，互いに違った方向に変化するからなのである．その場合，ひとつの語派に属する言語群は，他の語派にはみられない独自の特徴をもっているはずである．そして，この独自の特徴というのは，その語派が他の語派から分かれた後にこうむった変化の結果生じた特徴として，あるいは他の語派では失われてしまったが，その語派ではなお保持されている古い特徴として理解される．このように考えると，言語の下位分類をきめる基準は，特定の言語グループには共通してみられるが，他の言語グループにはみられない独自の特徴ということになる．

　たとえば，前ページの図9にふくまれているひとつの語派としてゲルマン語派があるが，ゲルマン語派を他の語派と区別する重要な特徴としては，すでに前節で述べた「グリムの法則」とよばれるゲルマン語派独自の子音推移などがあげられる．また，ゲルマン語派のなかでも，東ゲルマン語としてゴート語が，北ゲルマン諸語や西ゲルマン諸語と区別され，別個の枝に配置されているが，これも，たとえば，他のゲルマン諸語に起こったウムラウトなどの変化がゴート語ではみられないというような固有の言語特徴による．

　さらに，図9では，インド語派とイラン語派の前の段階として共通インド・イラン語が設定されている．その理由は，インド側の最古の文献であるサンスクリット語とイラン側の古い文献，たとえば，アヴェスタを比較するとき，たし

かに両者を区別する音変化はみられるが、語彙や形態論の類似は一目瞭然であること、さらにサンスクリット語やアヴェスタにはみられるが、他の語派にはみられない特徴、たとえば、印欧祖語の a, e, i, o, u という 5 つの短母音のうち、e と o がインド側でもイラン側でもともに a に融合しているという特徴などが顕著だからである。このような理由から、インド語派とイラン語派には、印欧祖語から分岐した後、共通インド・イラン語の時期が一定の期間続いたと考えられる。

また、第 1 章の第 3 節で、以前は象形文字ヒッタイト語とよばれていた言語が、実はヒッタイト語ではなく、ルウィ系の言語であることが明らかになり、象形文字ルウィ語といわれるようになった経緯について述べた。これは、言語の系統的な位置づけについて変更がなされた例であるが、その決め手となったのは、象形文字ルウィ語がヒッタイト語よりも楔形文字ルウィ語とより多くの独自の特徴を共有していることが判明したからである。したがって、図 9 ではリュキア語もふくめて、ヒッタイト語とは別に共通ルウィ語という段階がアナトリア語派の内部に示されている。

このように、系統樹モデルは言語間の親縁関係を示すうえで、非常に有用な考え方であることがわかる。しかしながら、この考え方では十分に納得のいく説明が与えられない場合がある。つぎの図 10 に示した系統図をみてほしい。

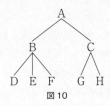
図10

この図には8つの互いに異なる言語の近縁関係が示されているが、それによると言語Aが言語Bと言語Cに分岐し、その後、言語BとCは、それぞれ言語D、E、Fと言語G、Hに分かれたことになる。図10にしたがうと、姉妹の関係にある言語D、E、Fはともに共通の祖語である言語Bにさかのぼるのであるから、互いに類似していることが予想される。また、言語Bは祖語Aの時期から言語Cとは違った変化をたどって成立したのであるから、言語Bから分岐した言語、たとえば、言語Fは言語Cよりも言語Bに似ているはずである。さらに、言語Fは言語Cから分かれた言語、たとえば、言語Gよりも言語Cのほうに似ているはずである。したがって、言語Fと言語Gは、互いの関係が最も遠いために、類似点が最も少ないであろうと考えられる。ところが、言語Fがその直接の親言語である言語Bをとおりこして、最も親縁関係が遠いはずの言語Gとのあいだにのみ、ある共通の特徴をもつ場合が観察される。

具体的にいうと、バルト語派のリトアニア語とラトヴィア語にみられるものと同じ特徴が、ゲルマン語派に属する言語

のうち古高地ドイツ語だけにみられる例がそれである．リトアニア語とラトヴィア語では，長母音の *ō が uo という二重母音として現われる．たとえば，リトアニア語 dúomi「私は与える」(cf. ギリシア語 dídōmi) やラトヴィア語 gùovs「牛」(cf. ラテン語 bōs). これに対して，ゲルマン祖語の長母音 *ō はつぎのような対応を示す．ゴート語 fōtus「足」(cf. ギリシア語ドーリス方言 pós)，古英語 fōt, 古アイスランド語 fōtr, 古高地ドイツ語 fuoz. この例からわかるように，古高地ドイツ語ではゲルマン祖語の *ō が，リトアニア語とラトヴィア語の場合と同様に，二重母音 uo へと変化するのに対して，他のゲルマン諸語では古い *ō はそのまま保存されている．

この例に代表されるように，2つの独立した語派のなかの特定の言語のあいだにだけ特有の類似が観察されるという現象を，どのように解釈すればよいのだろうか．

そもそも系統樹モデルは，祖語が均一な言語であること，そして，分岐した言語相互にははっきりとした境界線が認められることを前提としている．たしかに，歴史的な事実として，言語共同体が突然の分裂を起こすことはある．たとえば，ローマ帝国の時代にその領土内ではラテン語がくまなく話されていたが，中世初期に北方からスラブ人が侵入してきたため，東方の地域に住む共同体は西側の共同体から切り離されてしまった．その結果，東側の共同体の言語であるルーマニア語は，他のロマンス語の発展とはかなり違った方向に変化した．しかしながら，このような突然の分裂はむしろ稀

である．また，どのような言語共同体においても，完全に均一な言語が使用されているわけではない．

そこで，このような系統樹モデルの欠陥を補うために提案されたのが，ヨハネス・シュミット（J. Schmidt, 1843-1901）の波状モデルである．シュミットは，言語の類似はどのような2つの語派のあいだにもみられるということ，そしてそのような類似は地理的に隣接している語派間で最も顕著であることを指摘した．そしてその理由を，ちょうど石が池に落ちたとき，波紋が中心から周辺へ徐々に広がっていくのと同じように，言語変化は異なる言語の話し手の接触によって，ひとつの言語からそれに隣接する別の言語へと徐々に広がるからであると考えた．このように考えると，ある言語がひとつの隣接言語と共通の特徴をもつ一方，他の隣接言語とはそれと別の特徴を共有するという状況も，ひとつの言語変化の広がりは他の言語変化の広がりと重なり合う部分があるということで説明がつく．この波状モデルの考え方をとりいれると，隣接する言語間にみられる固有の特徴は，必ずしも祖語にさかのぼる特徴ではなく，それらの言語が祖語から分岐して，別々の語派に属する言語として成立した後に生じた共通の革新であることも示すことができる．そしてこのような方言的な特徴はおそらく祖語の内部にもあって，祖語というものはけっして均一な言語ではなく，その内部に多様性を許すものであると考えることができる．

波状モデルはこのようにして，うえで残されていた問題，つまりバルト語派のリトアニア語，ラトヴィア語と，ゲルマ

ン語派のなかの古高地ドイツ語のあいだだけにみられる固有の特徴をどう考えるかという問題に解答を与えてくれる．すなわち，バルト語派のリトアニア語とラトヴィア語，そして地域的にそれらに最も近い古高地ドイツ語においては，*ō——uo という変化が広がったが，距離がより遠い他のゲルマン語にはこの変化がおよばなかったと解釈すればよい．

波状モデルを仮定することによって解決される重要な問題はけっして少なくない．そのひとつとして，以下の例がある．かつて，印欧諸語を，一方でインド語派，イラン語派，バルト語派，スラブ語派などを東側の地域のグループとし，他方でギリシア語派，イタリック語派，ケルト語派，ゲルマン語派を西側の地域のグループとすることによって，東西の2群に分ける見方が有力だった．この分類の基準となったのは，印欧祖語に再建される *k̂（軟口蓋無声閉鎖音）の調音点が，前寄りに移って歯擦音で現われるか，本来の状態をほぼそのまま保持しているかということだった．「100」を意味する形式として *k̂m̥tóm が再建されるが，この語頭の *k̂ は各言語でつぎのように現われる．

ラテン語 centum	アヴェスタ satəm
ギリシア語 (he)-katón	サンスクリット語 śatam
古期アイルランド語 cét	リトアニア語 šim̃tas
ゴート語 hund-	古教会スラブ語 sъto

東のグループに属する言語は歯擦音 [s] または [ʃ] で，西のグループに属する言語は [k] または [h] で特徴づけら

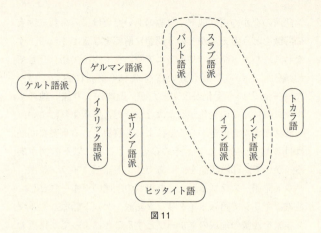

図11

れる.ゴート語のhはグリムの法則による.このため,一般に,東のグループはサテム語群,西のグループはケントゥム語群とよばれる(この名称は,それぞれアヴェスタとラテン語の数詞「100」を表わす語形からとられた).

ところが,このサテム語群,ケントゥム語群という二大区分は,後にトカラ語が中央アジアのタリム盆地周辺から発見されたとき,大きくゆらぐことになった.つまり,印欧諸語のうち最も東側に位置しながら,「100」を表わす形式としてトカラ語A(東トカラ語ともよばれる)はkänt,トカラ語B(西トカラ語ともよばれる)はkanteという,ケントゥム語群の特徴をもっていることがわかったのである.さらに,ヒッタイト語には「100」を表わす形式は記録に残っていないが,印欧祖語の*k̂はこの言語ではkで現われる(ヒ

ッタイト語 kitta(ri)「横たわる」,ギリシア語 keītai, サンスクリット語 śete, 印欧祖語 *k̑eito-). 20世紀になって解読されたトカラ語とヒッタイト語が, ともに地域的には西側に属していないにもかかわらず, サテムではなくケントゥム的な特徴を示す現象をどう理解すればよいのだろうか.

　もちろん, サテム語群で *k̑ ⟶ s, ʃ という変化が起こった後に, トカラ語とヒッタイト語を用いる民族が西側から東側に移動したという解釈も不可能ではない. しかしながら, この解釈はそれを支持する根拠は何もないので, 容易に受け入れることはできない.

　ところが, 波状モデルの立場に立つならば, まったく自然な説明が与えられる. 図11には, 問題となる諸言語の地理的にみた相対的な位置関係が示されている. この図の破線で囲われた地域の言語, すなわちサテム語群においては, *k̑ ⟶ s, ʃ という軟口蓋無声閉鎖音が歯擦音になる変化が徐々に広がったが, 西側のケントゥム語群や最も東側のトカラ語, そしてヒッタイト語にはこの変化の影響がおよばなかったと考えればよいのである.

　このように, ケントゥム語群とサテム語群の問題は, 波状モデルを導入することによって自然な説明が与えられるが, 最も東寄りに位置していたトカラ語に変化の波がおよばなかったことから, つぎのような見方ができるかもしれない. それは, 言語変化が地域的にみて広範囲におよんだ場合, 周辺の地域に古い特徴が保存される傾向があるという見方である. この見方は, 波状モデルの基本的な考え方からすると,

第2章　比較方法

まったく無理なく受け入れることができるし,実際にケントゥム語群とサテム語群の問題で重要な役割を果たしたトカラ語はこの見方を強く支持している.

この見方をさらに裏づける例として,つぎのような問題をあげることができる.印欧祖語の動詞組織においては,能動態と中・受動態の2つの態が区別されていた.このうち中・受動態は,中動と受動の意味を同一の形式で表わしていた.古い印欧語における中動の意味は,行為が主語に対して,あるいは主語との利害関係において行なわれる,といったものだった.たとえば,ギリシア語の能動文loúei tàs kheīrasと中・受動文loúetai tàs kheīrasの意味の違いは,ともに「彼は手を洗う」を意味するが,洗う対象が前者では他人の手であるのに対して,後者では自分の手でなくてはならない.

ところで,このような中・受動の意味を表わす動詞形式として,ラテン語と古期アイルランド語は-rの要素をもっていた.ブルークマンやメイエの時代においては,この-rで特徴づけられる中・受動態の形式は,非人称の意味を本来表わしていたと考えられていた.そして,この-rは,イタリック語派とケルト語派にしかみられず,印欧語の動詞形態論において孤立しているように思えたために,イタリック語派とケルト語派が分岐する以前に共通の時期があったとする仮説のひとつの根拠と考えられていた.

ところが,20世紀に解読された2つの重要言語であるヒッタイト語とトカラ語にも(さらに同じアナトリア語派の楔

形文字ルウィ語，パラー語にも），-r をもつ中・受動態が広く用いられていることがわかった．そのため，-r の要素はイタリック語派とケルト語派にかぎられたものではなく，印欧祖語の中・受動態を特徴づける形式であることが明らかになったのである．

さて，各語派を代表する言語の3人称単数現在の中・受動態の語尾を示すと，つぎのようになる（バルト語派とスラブ語派には，印欧祖語の中・受動態の形式のなごりがない）．

ラテン語 -tur　　　　　　ギリシア語 -tai
古期アイルランド語 -dir, -thir　　ゴート語 -da
ヒッタイト語 -(t)ari　　　　サンスクリット語 -(t)e
トカラ語 -tär

ラテン語，古期アイルランド語，ヒッタイト語，そしてトカラ語は -r をもっているが，ギリシア語，ゴート語，サンスクリット語にはこの要素はない．さらに，-r をもつラテン語，古期アイルランド語，ヒッタイト語，そしてトカラ語の語尾は *-(t)or にさかのぼるが，-r を欠くギリシア語，ゴート語，そしてサンスクリット語の語尾は *-(t)oi にさかのぼる．後者のグループの再建形 *-(t)oi の末尾の i は，能動態現在形にみられる *-i と同一である（cf. サンスクリット語 -ti, ヒッタイト語 -zi）．

再建されるこの2つの語尾 *-(t)or と *-(t)oi のうち，どちらが古いかといえば，*-(t)or のほうが古いと考えられる．なぜなら，もし *-(t)oi のほうが古いとするなら，後に i

がrにとって代わられる動機がまったくないのに対して，*-(t)orが古いと考えるなら，能動態の*-iの影響を受けて，後にrのかわりにiが入ったという自然な説明が得られるからである．

もう一度，図11にもどると，印欧祖語にさかのぼる古い特徴-rをもつ中・受動態を保持している言語であるラテン語，古期アイルランド語，ヒッタイト語，トカラ語は，いずれも地域的にみて周辺に位置していることがわかる．したがって，rがiにとって代わられるという変化が波及しなかったものと考えられる．古い言語特徴は周辺の地域に保存される傾向があるという見方は，この例によっても支持されるように思える．

波状モデルの妥当性を示すうえの2つの例においてみられた変化，すなわち，*k⟶s, ʃと*-(t)or⟶*-(t)oiは，複数の言語にみられるために，おそらく祖語の時期に起こったものであると考えられる．そうすると，祖語というものは，系統樹モデルがその前提とするような均一のものではなく，方言的な多様性が認められるものであるということになる．

系統樹モデルが言語間の親縁関係をきわめて明晰に示してくれることはいうまでもない．しかしながら，祖語の均一性と言語の突然の分岐という系統樹モデルが前提としている考え方が，データの言語学的解釈を困難にする場合がある．そのようなときには，波状モデルを援用すれば，納得のいく説明を引き出せることが少なくない．現在では，系統樹モデ

と波状モデルは言語が分化する歴史的過程を研究する際の2つの主要なモデルであると考えられている．

第5節　変化の起こった相対的な時期

　本章の第2節で，比較方法では，データを詳細に分析することによって，変化規則を厳密に定式化するだけでなく，複数の変化が起こったと考えられる場合には，それらの変化のあいだの相対的な時期（relative chronology），つまり変化が生じた歴史的な順序を決定することが可能になると述べた．もちろん，2つの変化が考えられる場合，それらのうちのどちらが先に起こったかを決定することができない場合もある．しかし，正しい歴史的な相互の順序づけが与えられないと，データを矛盾なく説明することができないことも多い．本節では，この問題をスラブ諸語に起こったいくつかの変化を対象にして，やや詳しくみてみよう．

　閉鎖音とソナント（喉音もこれにふくめる）をのぞくと，印欧祖語に確実に再建される子音は摩擦音のsだけである．このsは，前節で述べたいわゆるサテム語群の言語においては，特定の条件のもとで，摩擦音であることには変わりないものの，調音点を多少移動させている．たとえば，インド・イラン語派のうちのサンスクリット語では，つぎのような例で本来のsがṣ（いわゆる反舌音 retroflex）に変わっている．

　pitṛṣu　　　　pitṛ-「父」の複数位格

sūnuṣu	sūnu-「息子」の複数位格
vakṣyāmi	vak-「話す」の1人称単数未来形
aviṣu	avi-「羊」の複数位格

この s が ṣ になる変化は，うえの例からも明らかなように r(r̥), ŭ, k, ĭ という分節素のうしろで生じるので，一般に変化の条件になったこれらの分節素にちなんで，ルキ規則 (ruki-rule) とよばれている．ちなみに，senāsu (senā-「軍」の複数位格) や bhot-syati (budh-「知る」の3人称単数未来形) では，ほかの分節素が先行しているために，この変化が生じていない．

また，アヴェスタでは，本章の第2節で示したように，s は母音が後続する場合，一般に h になったが，ルキ規則の起こる環境では，h ではなく š で現われている．

haēnāhu	「軍」の複数位格，うえのサンスクリット語の senāsu に対応する形式
vaxšyā	「私は話すだろう」，うえのサンスクリット語の vakṣyāmi に対応する形式

バルト語派のリトアニア語，スラブ語派の古教会スラブ語でも，やはり本来の s は類似した変化をこうむり，リトアニア語では š, 古教会スラブ語では x になっている．

リトアニア語	viršùs「頂」
古教会スラブ語	vrъxъ (リトアニア語の viršùs に対応する形式) <*vьrxъ (r と l の後では，ь(<*i) とъ(<*u)

のあいだにかなりのゆれがみられるが，一般には ъ が好まれる傾向がある）

この2つの形式は起源的には *wr̥su-(>*virsu-) という形式にさかのぼり，*s の直前に *r̥ が存在したと考えられる．さらに，うえにあげたリトアニア語の viršùs と古教会スラブ語の vrъxъ とをくらべると，*virsu- という祖形の *i と *r の位置が古教会スラブ語のほうで入れ替わっている（音位転換 metathesis）ことがわかる．一般に，スラブ諸語は閉音節（音節が子音で終わる）を開音節（音節が母音で終わる）にする傾向があり，流音で終わる閉音節がある場合，古教会スラブ語では音位転換によって，ロシア語では先行母音をコピーすることによって，開音節に変えている．

　スラブ祖語　　　　*gordъ「町」　*serda「中心」
　古教会スラブ語　　gradъ　　　　srěda
　現代ロシア語　　　gorod　　　　seredina

うえの例で「町」の *gor-,「中心」の *ser- の部分が閉音節であるが，古教会スラブ語では音位転換，ロシア語では問題となる閉音節の直後に先行母音のコピーが生じた結果，いずれも開音節になっている．

この分析によって，リトアニア語の viršùs と古教会スラブ語の vrъxъ については，リトアニア語の viršùs のほうが古く，両者は *virsu- にさかのぼることがわかった．さらに，バルト語派とスラブ語派に共通して起こった変化とし

て，音節を形成するソナント l̥, r̥, n̥, m̥（R̥で代表させる）が，一般に il, ir, in, im（iRで代表させる）で現われるという変化がある．

印欧祖語 *wl̥kʷos「狼」：サンスクリット語 vr̥ka-
　　　　　　　　　　　　リトアニア語 vil̃kas
　　　　　　　　　　　　古教会スラブ語 vlъkъ（<*vьlkъ）
　　　　　　　　　　　　ゴート語 wulfs

この変化によって，うえでみたリトアニア語の viršùs と古教会スラブ語の vrъkъ は，*wr̥su- という祖形をもつことが明らかになる．

これまでの比較方法による分析から，古教会スラブ語の先史にはつぎの3つの音変化が起こったことがわかった．

(8) ルキ規則：$*s \longrightarrow x\ /\ \left\{\begin{array}{c} r(r̥) \\ ŭ \\ k \\ ĭ \end{array}\right\}$ ___ [+音節性]

(9) $*R̥ \longrightarrow *iR$

(10) 音位転換：VL⟶LV/C___C
　　　（V, C, L は，それぞれ，母音，子音，流音を表わす）

これら3つの変化のうち，(8)のルキ規則はスラブ語派だけでなく，バルト語派やインド・イラン語派などのサテム語群一般に起こった．一方，(9) の変化はバルト語派とスラ

ブ語派に固有の変化であり，(10) の音位転換は古教会スラブ語などのスラブ諸語に起こった変化である（ただし，ロシア語は別の変化をこうむった）．したがって，うえの3つの変化は，それぞれの変化がおよんだ言語の範囲から，歴史的に (8), (9), (10) の順に起こったことがわかる．

　前節で，サテム語群において，一般に軟口蓋無声閉鎖音が摩擦音になる変化が生じたことをみた．スラブ諸語では，軟口蓋無声閉鎖音の k̂ は s で現われる（印欧祖語 k̂m̥tóm，古教会スラブ語 sъto「100」).

(11)　*k̂ ⟶ s

この (11) の変化と，同じくサテム諸語に生じたうえの (8) のルキ規則とのあいだに，歴史的な順序があったことを示す根拠はあるのだろうか．データをよく検討すると，(11) の変化によって導かれた s はけっしてルキ規則の適用をうけないことがわかる．たとえば，「豚」を意味する古教会スラブ語は prasę であり，この形式は *porkos という印欧祖語の形式にさかのぼるが（ラテン語 porcus, リトアニア語 paršas)，ルキ規則をこうむっていない．したがって，(8) のルキ規則は (11) の規則より以前に起こったと考えなければならない．もしその逆の順序を考えるならば，以下の右側の欄に示すように，正しい形式を導きだすことができない（以下の派生では，実際にはもっと多くの規則が関係するが，ここでは規則 (8) と (11) が起こった相対的な順序だけを問題にしている)．

印欧祖語	*porḱos ……	印欧祖語	*porḱos ……
(8) の規則	———	(11) の規則	—s—
(11) の規則	—s— ……	(8) の規則	—x— ……
古教会スラブ語	prasę (実際の形式)	古教会スラブ語	praxę (実際にはない形式)

このように、データを細部にまで目をとおすことによって、複数の変化が起こった順序を歴史的に決定することが可能になる.

さらにデータを追加することによって、この問題をさらに広い視点から検討してみよう. 印欧祖語には、瞬間的な行為を表わす語幹としてアオリストという動詞語幹があった. アオリストのうち, -s- によって特徴づけられるものは s-アオリストとよばれるが、これは語幹と語尾のあいだに -s- をもっていた. *weĝh- 「運ぶ」という動詞からつくられる s-アオリストの能動のパラダイムは、以下のように推定される（語頭の e は加音 [augment] とよばれる過去を示す要素で、インド・イラン語派, ギリシア語, アルメニア語にみられる）.

単数 1 人称 *(e)-wéĝh-s-m　　複数 1 人称 *(e)-wéĝh-s-me
　　 2 人称 *(e)-wéĝh-s-s　　　　　 2 人称 *(e)-wéĝh-s-te
　　 3 人称 *(e)-wéĝh-s-t　　　　　 3 人称 *(e)-wéĝh-s-n̥t

うえのパラダイムから明らかなように, s-アオリストの能動の単数形は語根部がアクセントをもつ *ḗ, 複数形はアクセントをもつ *é で特徴づけられていた. しかし, この祖語の状態はどの分派諸言語にもそのままの形では保存されていない. サンスクリット語, ラテン語, トカラ語では, 単数形の語根の *ē が複数形にも一般化された (以下のトカラ語 A の場合, a は印欧祖語の *o または *ē にさかのぼるが, 語頭の口蓋化した ñ は前舌母音の *ē が後続したことを示している).

サンスクリット語	1 人称単数	avākṣam <*e-wēĝh-s-
	1 人称複数	avākṣma <*e-wēĝh-s-
ラテン語	1 人称単数	vēxī <*wēĝh-s-
	1 人称複数	vēximus <*wēĝh-s-
トカラ語 A	3 人称単数	ñakäs <*nēk-s- 「彼は破壊した」
	3 人称複数	ñakär <*nēk-s-

他方, s-アオリストを生産的な動詞カテゴリーとしてもつ他の主要な言語, たとえば, ギリシア語や古期アイルランド語では, 単数形の語根に本来特有であった長い *ē を完全に失い, 短い *e が広がっている.

古教会スラブ語でも, うえで述べた s-アオリストの特徴はかなりよく保持されている. ここでは, 印欧祖語の s-アオリストの特徴をもつものとして, s-アオリスト, x-アオリスト, ox-アオリストという 3 つのタイプがみられるが, それ

ぞれのタイプの単数と複数のパラダイムは，vesti「導く（不定詞）」，rešti「言う」，nesti「運ぶ」という動詞によって示すことができる．

s-アオリスト
単数1人称 věsъ
    (<*vēd-s-o-m)
  2人称 vede
    (<*ved-e-s)
  3人称 vede (<*ved-e-t)

複数1人称 věsomъ
    (<*vēd-s-o-mos)
  2人称 věste
    (<*vēd-s-te)
  3人称 věsę (<*vēd-s-n̥t)

x-アオリスト
単数1人称 rěxъ
    (<*rēk-s-o-m)
  2人称 reče (<*rek-e-s)
  3人称 reče (<*rek-e-t)

複数1人称 rěxomъ
    (<*rēk-s-o-mos)
  2人称 rěste (<*rēk-s-te)
  3人称 rěšę (<*rēk-s-n̥t)

ox-アオリスト
単数1人称 nesoxъ
    (<*nek̂-os-o-m)
  2人称 nese
    (<*nek̂-e-s)
  3人称 nese
    (<*nek̂-e-t)

複数1人称 nesoxomъ
    (<*nek̂-os-o-mos)
  2人称 nesoste
    (<*nek̂-os-te)
  3人称 nesošę
    (<*nek̂-os-n̥t)

共時的な観点からは，s-アオリストは単数の2人称と3人称をのぞいて，-s- という要素で特徴づけられる．x-アオリストは，-s- のかわりに，1人称において -x- を，3人称複数において -š- をもっている点で，s-アオリストとはやや異なっている．他方，ox-アオリストは古教会スラブ語では最も頻繁に用いられるが，s-アオリストやx-アオリストとは違って，語根の *ē という長母音がまったくみられない点に加え

て，語根と -s-（-x-, -š-）のあいだに -o- という母音を挿入している点で，2次的につくられた比較的新しい形成法であると考えられる．

s-アオリストとx-アオリストは，うえで示したサンスクリット語，ラテン語，トカラ語の場合と同様に，本来は単数形にかぎられていた語根の母音 *ē を複数形にも一般化した．ただし，単数の2人称と3人称はこの特徴を欠いているばかりでなく，-s- という要素ももっていない．したがって，単数の2人称と3人称は，起源的にはs-アオリストではなく，他のカテゴリー，おそらく未完了過去にさかのぼると考えられる．

歴史的な立場からすると，s-アオリストとx-アオリストは，ともに印欧祖語のs-アオリストという単一のカテゴリーにさかのぼるが，本来は音韻的に異なる環境のもとでのヴァリアントであったものが，2つの別個のタイプとして成立するにいたったと基本的には理解される．-s- と -x-，それに -š- の本来の分布は，2つの純粋に音韻的な規則によって決定されていた．その2つの規則とは，うえの (8) に示したルキ規則と，つぎの (12) の第1口蓋化規則である．

(12) 第1口蓋化規則：
 　　*k, *g, *x ⟶ č, ž, š /＿＿＿　V
 　　　　　　　　　　　　　　　　 [−後舌性]

うえのx-アオリストのパラダイムにおいて，1人称単数のrěxъ（<*rēk-s-o-m）と1人称複数のrěxomъ（<*rēk-s-o-mos）にみられるxは，ルキ規則によって説明される（ただし，ルキ規則によってつくられたkxという子音連続では，後にkが脱落している）．他方，3人称単数のreče(<*rek-e-t)のčは第1口蓋化規則によって，3人称複数のrěšęのšは，ルキ規則，うえの (9) に示した *R̥⟶*iR という規則，そして第1口蓋化規則によってそれぞれ導かれる（*rēk-s-n̥t＞*rē-x-n̥t＞*rē-x-int＞*rē-š-int＞rěšę）．第1口蓋化規則は，前舌母音の前の位置で適用されるために，前舌母音のiをうみだす (9) の *R̥⟶*iR というバルト語派，スラブ語派に共通する変化より後に生じたに違いない．実際に，第1口蓋化はスラブ諸語に固有の変化で，バルト語派のリトアニア語や古プロシア語にはみられない．

古教会スラブ語　リトアニア語　古プロシア語
četyre　　　　　keturì　　　　　　　　　　「4」
žena　　　　　　　　　　　　genna　　　「女」

3人称複数のrěšęには，ęという鼻母音がみられる．この鼻母音は，音節を形成するソナントの *m̥, *n̥ がim, inになった後，子音の前で生じたものである．一般に，*im, *in は，母音の前ではьm, ьnになるが，子音の前では鼻母音化するとともに舌の位置が下がる．

(13)　*im, *in ⟶ ьm, ьn / ＿＿V
　　　　　　　⟶　Ṽ　／＿＿C
　　　　　　［−高舌性］

この (13) の変化は, たとえば, 古教会スラブ語の「取る」を意味する不定詞の vъzęti と 1 人称単数現在形の vъzьmǫ に反映されている.

	不定詞	1 人称単数現在形
古教会スラブ語	vъz-ę-ti	vъz-ьm-ǫ
現代ロシア語	vz'at'	voz'mu

古教会スラブ語の動詞の語根部の ę と ьm は, ともに *im (<*m̥) にさかのぼるが (ラテン語の emō「買う」を参照), 子音が後続する不定詞では ę として, 母音が後続する 1 人称単数現在形では ьm として現われている. 対応する現代ロシア語の形式では, 古教会スラブ語の鼻母音の鼻音性が消失しているとともに, 語末から数えて最初の ь, ъ は脱落するという一般的な変化も生じている.

(13) の変化は, すでにうえで述べた (10) の音位転換や (12) の第 1 口蓋化規則と同じく, スラブ諸語にみられる変化であるが, (13) と (10) には共通性がある. それは, 鼻母音化であれ, 音位転換であれ, どちらも閉音節を開音節に変えている点である. つまり, ごく少数の例外をのぞいて, すべての音節は母音で終わるというスラブ諸語一般にみられる傾向にしたがっているのである.

さて, さきに示した x-アオリストのパラダイムにふくまれている形式のうち, 1 人称単数の rěxъ (<*rēk-s-om), 1 人称複数の rěxomъ (<*rēk-s-o-mos), 3 人称複数の rěšę (<*rēk-s-n̥t) では, 本来の *s がルキ規則と第 1 口蓋化規

則によって, x と š になっていることがわかった. ところが, 2人称複数の rēste (<*rēk-s-te) はどうだろうか. この形式はルキ規則をうけずに, 本来の -s- がそのまま残されている. (8) のルキ規則の定式化から明らかなように, ルキ規則は音節を形成する分節素の前の位置で適用される. したがって, 2人称複数の rēste は, ルキ規則の適用をうけない点では, まったく規則的なのである.

問題はむしろ, 1人称単数の rěxъ と 1人称複数の rěxomъ のほうにみられる. 88ページで示した印欧祖語の s-アオリストのパラダイムからわかるように, s-アオリストでは, 本来 -s- の後に直接, 語尾がつけられており, -s- と語尾のあいだに母音はけっしてさしはさまれていなかった. ところが, うえの 1人称単数 rěxъ と 1人称複数 rěxomъ の末尾の -xъ と -xomъ は, それぞれ *-som, *-somos が以前の形式として存在していたことを示している. すなわち, -s- と語尾のあいだに語幹形成母音 *-o- が 2次的に挿入されているのである (語幹形成母音の *-e/o- をもつ動詞は, 語幹が母音交替を示さない, 一定の形式になるため, 規則的なタイプとして印欧語の分派諸言語のなかで広がっている).

(14) 語幹形成母音の挿入:
s-アオリスト 1人称単数 *-s-m $\longrightarrow$ *-s-o-m
〃 1人称複数 *-s-mos $\longrightarrow$ *-s-o-mos

しかも, rěxъ と rěxomъ はルキ規則をうけており, ルキ規則は [+音節性] という素性をもつ分節素の前で適用される

のだから、(14) に示した語幹形成母音の挿入という変化は (1人称単数 *rēk-s-m ⟶ *rēk-s-o-m, 1人称複数 *rēk-s-mos ⟶ *rēk-s-o-mos)、ルキ規則がはたらく以前に起こったと考えなければならない。つまり、スラブ語派がひとつの方言としてサテム語群を形成していた、非常に早い時期であったに違いない。

うえの古教会スラブ語の s-アオリスト（x-アオリスト、ox-アオリスト）の動詞パラダイムでは、1人称の形式のみに語幹形成母音が挿入されていることがわかった。これは非常に独特な現象だが、古教会スラブ語の s-アオリストのみにみられる孤立した現象ではなく、別の言語にも観察できる。それは、ラテン語の存在動詞 sum「ある」の現在形のパラダイムである。以下の対応するサンスクリット語のパラダイムから明らかなように、この動詞は本来、語根に語尾が直接つけられ、母音交替を示していた。

	印欧祖語	サンスクリット語	ラテン語
単数1人称	*és-mi	ásmi	sum (<*s-o-mi)
2人称	*és-(s)i	ási	es
3人称	*és-ti	ásti	est
複数1人称	*s-més, *s-mós	smás	sumus (<*s-o-mos)
2人称	*s-té	sthá	estis
3人称	*s-énti, *s-ónti	sánti	sunt

うえのラテン語のパラダイムは、印欧祖語に推定される祖形

- (14) 語幹形成母音の挿入：
  s- アオリスト1人称単数 *-s-m ⟶ *-s-o-m
  〃　　　　　　1人称複数 *-s-mos ⟶ *-s-o-mos

- (8) ルキ規則：$*s \longrightarrow x / \left\{ \begin{array}{c} r(\underset{\circ}{r}) \\ \breve{u} \\ k \\ \breve{i} \end{array} \right\}$ ___ [＋音節性]

- (11) $*\hat{k} \longrightarrow s$

- (9) $*\underset{\circ}{R} \longrightarrow *iR$

- (12) 第1口蓋化規則：
  *k, *g, *x ⟶ č, ž, š / ___ V
  　　　　　　　　　　　　　[－後舌性]

- (10) 音位転換：VL ⟶ LV / C___C

- (13) *im, *in ⟶ ьm, ьn / ___V
  　　　　　⟶ $\tilde{V}$ / ___C
  [－高舌性]

をいくつかの点で忠実に継承していないが，特に見のがすことのできないのは，1人称単数と1人称複数だけが語幹形成母音 *-o- の挿入をこうむっている点である．母音交替を行なうタイプから，語幹形成母音によって語幹を一定のものにするタイプへの移行は，どの印欧語の歴史にもみられる汎インド・ヨーロッパ的な特徴である．ここでみた古教会スラブ語とラテン語のまったく並行する現象は，語幹形成母音をもつタイプへの全面的な移行ではなく，部分的な移行を示している点で，とりわけ注目されるだろう．

　以上みてきたところから，古教会スラブ語の先史には，少

なくとも (8) から (14) の変化がかかわっていることがわかった．これらの7つの変化は，歴史的にはうえに示した順で起こったと考えられる（2つの変化が線で結ばれている場合，うえに示した変化のほうが歴史的に先に生じたことを示す．線で結ばれていない場合は，それらの変化のあいだの歴史的な順序は，少なくともここであつかったデータの範囲では決定できないことを示す）．これら7つの変化のうち，(12)，(10)，(13) はスラブ語派に分岐してから起こった変化であり，(9) はバルト語派とスラブ語派に共通してみられる変化である．さらに，(14)，(8)，(11) はそれ以前に生じたと考えられる変化である．(14)，(8)，(11) の変化は早い時期に起こった変化だが，うえで示した根拠によって，この順に起こったと解釈できるのである．

比較方法は，分派諸言語の形式の対応にもとづいて祖語を再建し，祖語と分派諸言語とのあいだの歴史的な空白を埋めることを可能にする．その際，各分派諸言語の先史に起こったと推定される変化だけでなく，データの綿密な分析によって変化相互の歴史的な関係が明らかになることもある．記録以前の言語を復元するという作業は，何といっても実際の文献記録が存在しない以上，フィクションとしての性格が強くなりがちである．再建された祖語といえども，それは過去に話された言語の断片的な特徴をふくんでいるにすぎず，実際の姿からはほど遠いだろう．しかし，それにもかかわらず，新しいデータの発見やデータに対するより優れた解釈によって，より正確な言語の先史を構築しようとする努力は常にな

されているのである.

第3章　内的再建法

　前章でみた比較方法は，同じ系統に属する複数の言語のデータを利用することによって，祖形を再構成し，それと同時に各分派言語の記録以前の歴史の解明をめざすものだった．この比較方法とは別に，言語の先史を明らかにするうえで有効な方法がもうひとつある．それが，この章でみる内的再建法である．

　内的再建法は，比較方法とは異なり，問題となる言語内部での共時的な分析だけを手がかりにして，記録以前の歴史を推定する方法である．第2章の第3節で，印欧語の母音交替の現象を統一的にとらえるために，ソシュールがAとQという「ソナントのように機能する要素（coefficient sonantique）」をたて，それまで考えられていたよりもさらに古い時期の印欧祖語を推定したことをみた．このこころみの中心的な部分では，比較方法はまったく用いられておらず，母音交替の例外的なパターンの共時的な分析が決定的な役割を果たしていた．このソシュールの研究は，内的再建法の代表的な実践例としてよく知られている．

　内的再建法では，多くの場合，重要な役割を果たすのは，異形態の分析である．異形態とはひとつの形態素の異なった

環境のもとでのヴァリアントのことであり，異形態相互のあいだには機能的な差異はない．たとえば，英語の一般的な複数形は -s という接辞をつけることによって規則的につくられるが，この接辞はそれがつく語幹末尾の音の種類によって，発音が変わる．つまり，語幹が歯擦音で終わる場合は [əz]（たとえば，dishes），歯擦音以外の無声音で終わる場合は [s]（たとえば，caps），歯擦音以外の有声音で終わる場合は [z]（たとえば，dogs, rooms）というように，3つの異形態がみられる．このうち，最も広い分布を示す [z] が基本的な形態素であり（母音で終わる語幹の場合も [z] が使われる），歯擦音で終わる語幹の場合は [ə] が [z] の前に挿入され，歯擦音以外の無声音で終わる語幹の場合は [z] が先行子音に同化されて [s] になるということは容易に理解できる．この共時的変化においてどの異形態が現われるかは，語幹がどの音で終わるかによって決定される．つまり，環境が指定されるならば，現われる異形態の種類は予測できるわけである．

　内的再建法の基本的な考え方によると，このような特定の環境のもとでの異形態の交替は，本来のものではなく，その言語の先史に起こった条件変化によってもたらされたものと捉える．問題となる条件変化は，特定の歴史的な時期にのみ起こったと考えられる場合もあるし，その言語の共時的な規則として今なお残っている場合もある．ここでは，その変化が生じた条件あるいは環境がそのまま保存されている場合と，後に起こった別の変化によってその条件変化が生じた環

境が失われてしまった場合とに分けて、内的再建の問題をみてみよう。

第1節　条件変化の起こった環境が残っている場合

内的再建法は、派生や屈折といった形態的なプロセスが顕著に用いられている言語には、とりわけ有効である。たとえば、つぎの現代ドイツ語の名詞の屈折の例をみてみよう。

1格	2格	
Rat [raːt]	Rates [raːtəs]	「助言」
Rad [raːt]	Rades [raːdəs]	「車輪」
Lob [loːp]	Lobes [loːbəs]	「賞賛」
Tag [taːk]	Tages [taːgəs]	「日」

記述的な観点からは、名詞の1格は語幹にゼロ語尾がついた形式、2格は語幹に -əs という語尾がついた形式と考えることができる。語幹に注目するならば、「助言」という語では1格、2格ともに [raːt] という音声形式をもつのに対して、「車輪」では1格が [raːt]、2格が [raːd] で現われる。このようなパラダイム内部での語幹末尾の子音の交替は、「車輪」の例にかぎられているわけでなく、うえの「賞賛」の例の [loːp]〜[loːb] や、「日」の例の [taːk]〜[taːg] をはじめ、語幹末尾に有声の阻害音 (obstruents, 閉鎖音と摩擦音をさす) をもつすべての名詞にみられる。このような異形態の交替例から、たとえ2格で語幹末尾に有声の阻害

第3章　内的再建法

音をもつ名詞であっても，1格におかれた場合，その阻害音がけっして有声ではなく，無声で現われるということがわかる．音のこのようなかぎられた分布（この場合は，有声音が語末にけっして現われないという分布）は，内的再建法を適用する場合の大きな手がかりになる．

第1章の第2節で述べた字母的書記の原則から，うえのRad, Lob, Tagというドイツ語の名詞は，有声のつづり字を語幹末尾（1格の場合は語末）にもっているので，起源的には語幹末の子音は有声であったと推定できる．ところが，現代ドイツ語ではそれぞれ対応する無声の阻害音で現われている．これらの事実から，古い時代のドイツ語で，「車輪」，「賞賛」，「日」を意味する名詞語幹は，それぞれただひとつの音声形式 [raːd], [loːb], [taːg] をもっていて，後のドイツ語の歴史のなかで，

$$\begin{bmatrix} -音節性 \\ -共鳴性 \end{bmatrix} \longrightarrow [-有声性]/\_\_\_\#$$

という条件変化が起こったという推定が可能になる（-音節性と-共鳴性という弁別素性で指定されるのは阻害音の自然類である）．語末の有声子音の無声化は，単語の発音が終わると同時にはじまる声帯の開きが，末尾子音の生成のあいだにまえもって起こる一種の逆行同化であり，まったく自然な現象として，ロシア語など，他の言語にもみられる．この推定は，比較方法の場合と違って，現代ドイツ語の共時的体系にみられる異形態の分析だけにもとづいてなされていること

に注意してほしい.

うえでみた現代ドイツ語の名詞の屈折の場合,条件変化が起こる要因になったのは語末という音声環境だった.条件変化が起こる場合には,語末や語頭もふくめて,変化をこうむる音の前後に位置する分節素(segments)が,その要因になることが多い.しかし,必ずしも変化を受ける音とその前後の分節素との統合関係だけが条件変化の要因ではない.つぎの現代ブルガリア語の北東方言のデータをみてみよう.

	単数	複数	
1.	vól	vulóvi	「牛」
2.	sín	sinuvé	「息子」
3.	póp	pupóvi	「牧師」
4.	gróp	grubóvi	「墓」
5.	gróst	gruzdóvi	「ぶどう」
6.	móst	mustóvi	「橋」
7.	bók	buguvé	「神」
8.	róp	rubóvi	「奴隷」
9.	kóš	kušóvi	「かご」
10.	nóš	nužóvi	「ナイフ」

このデータは,単音節の名詞の単数形とそれに対応する複数形からなる.単数の形式はゼロ語尾によって特徴づけられ,それがそのまま語幹であると考えられる.一方,複数の形式は語幹に複数を表わす語尾がついたものと考えられる.データから明らかなように,語幹についても,複数語尾につ

いても，異形態を認定することができる．

語幹の異形態
1. vól~vul   「牛」   2. sín~sin   「息子」
3. póp~pup   「牧師」   4. gróp~grub   「墓」
5. gróst~gruzd 「ぶどう」   6. móst~must   「橋」
7. bók~bug   「神」   8. róp~rub   「奴隷」
9. kóš~kuš   「かご」   10. nóš~nuž   「ナイフ」

複数語尾の異形態
óvi~uvé

異形態の交替に関して，まず子音から分析をはじめると，語幹末尾の阻害音および阻害音連続は，単数形の場合，すなわち語末の位置にきた場合，けっして有声では現われない（データの4，5，7，8，10をみてほしい．なお，5については阻害音連続が問題となっている）．これは，うえの現代ドイツ語の場合とまったく同じ分布を示している．したがって，語末の阻害音の無声化という一般的な条件変化が，この言語の先史にも生じたと推定できる．この変化は，つぎのように定式化できる（C_1は，子音が１つ以上連続することを意味する）．

　　　C_1　　⟶ [−有声性]/＿＿＿#
[−共鳴性]

つぎに，異形態の交替で母音が関わる部分だが，交替する母音だけをとりだすと，つぎのようになる．

ó～u （データの語幹の部分の 1, 3, 4, 5, 6, 7, 8, 9, 10 と複数語尾を参照）
é～i （データの複数語尾の部分を参照）
í～i （データの 2 を参照）

この母音の交替から，異形態をつくりだす条件変化の要因になるのは分節素だけではないことがわかる．すなわち，この交替では，アクセントという超分節素（suprasegmental）が交替の要因になっていることが明らかである．つまり，アクセントが落ちない場合，o と e は舌の位置が高くなって，それぞれ u と i に変化したと推定できる．また，i については，アクセントが落ちない場合も，それ以上舌の位置が高くなれないので，i のまま残ったと考えられる．

アクセントが落ちない母音が高くなるという現象は，けっしてめずらしいものではない．印欧語にかぎっても，トカラ語 B に類似した現象がみられる．トカラ語 B の母音体系は，以下のとおりである（〈 〉のなかはつづり字を示す）．

$$i \langle i \rangle \qquad i \langle \ddot{a} \rangle \qquad u \langle u \rangle$$

$$æ \langle e \rangle \qquad o \langle o \rangle$$

$$a \langle \bar{a} \rangle$$

ところが，/a/〈ā〉にアクセントが落ちない場合，舌の位置が高くなって [ʌ]〈a〉になる．これを裏づける例としては，たとえば，áke「終わり」に対して akénta「同（複数）」

がある.

　以上の分析から，このブルガリア語の北東方言のデータのより以前の段階の形式は，以下のように推定することができる.

	単数	複数	
1.	* vól	*volóve	「牛」
2.	*sín	*sinové	「息子」
3.	*póp	*popóve	「牧師」
4.	*grób	*grobóve	「墓」
5.	*grózd	*grozdóve	「ぶどう」
6.	*móst	*mostóve	「橋」
7.	*bóg	*bogové	「神」
8.	*rób	*robóve	「奴隷」
9.	*kóš	*košóve	「かご」
10.	*nóž	*nožóve	「ナイフ」

　本来，この言語は単数形でも複数形でも同じ形式の語幹をもっていた．また，一般にアクセントは単語のなかでひとつの音節のみに落ちていた．ところが，うえで推定した2つの変化，つまり語末の阻害音の無声化と，アクセントの落ちない母音が高くなる変化によって現在の形式が成立したと考えられる．

　うえの2つの例では，条件変化が起こった環境を容易に復元することができる．なぜなら，異形態が形態音素的な交替を示す環境が，なおそのまま保存されているからである．

つまり，阻害音の無声化については，現代ドイツ語の例でも現代ブルガリア語の北東方言の例でも，問題となる阻害音の位置（すなわち，語末にあるか，語中にあるか）には何ら変わりはない．また，現代ブルガリア語の北東方言にみられる母音の高さの交替についても，条件変化の要因になったアクセントの位置に変化は生じていない．

しかしながら，条件変化の要因となった環境が，その後に起こった別の変化によって変わってしまうこともある．この場合には，その変化を引き起こした環境やその環境を構成していた特定の分節素や超分節素を正確に決定することは困難になってくる．

第2節 条件変化の起こった環境が失われた場合

言語の歴史において，特定の音変化を条件づけていた環境が，後の言語変化によって影響を受けることはしばしばみられる．たとえば，第2章の第3節でみたサンスクリット語の「口蓋化の法則」では，前舌母音の前で *k⟶c という変化が生じたが，後のサンスクリット語の歴史で，前舌母音のうちeがaに融合してしまったために，この条件変化の起こった環境が部分的に失われている．したがって，サンスクリット語の内部の共時的な事実だけからでは，たとえば，ca(<*kʷe)「そして」とka-(<*kʷo-)「誰」のあいだにみられるような，cとkとの歴史的な関係を正しくとらえることはむずかしい．

このような状況では，比較方法によらず内的再建法のみによって先史を推定することは非常に困難である．しかし，このような場合でさえ，問題となる変化の特徴をその言語内部のより広い視野から検討することによって，その変化とそれが起こった環境をある程度まで推定することが可能になる場合がある．そのひとつのケースを，古期アイルランド語を対象にして，以下でみてみよう．

古期アイルランド語が属するケルト語派は，印欧祖語から共通ケルト祖語にいたるまでの段階できわめて多くの変化をこうむっている．また，まとまった資料も紀元後7，8世紀になってようやく現われるにすぎない．したがって，ケルト語の先史の歴史的空白を埋めるために，比較方法をケルト諸語と印欧諸語に適用しても，あまり詳しいことが得られない場合が多い．むしろ，ケルト祖語に最も近い古期アイルランド語を内的再建法によって分析するほうが，より実質的な成果を期待できることがある．

さて，古期アイルランド語には，初頭子音交替（initial consonant mutation）とよばれる独特の現象がある．これは，たとえば，つぎのような例にみられる（古期アイルランド語では，p, t, c および b, d, g というつづり字は，[p, t, k] と [b, d, g] だけでなく，それぞれ対応する有声音 [b, d, g] と摩擦音 [β, ð, ɣ] を表わすのに用いられた．子音の直後のアポストロフィーは，その子音が口蓋化されていることを示す）．

A. a phenn   [a fʻen]「彼のペン」
    a penn   [a pʻen]「彼女のペン」
    a penn   [a bʻen]「彼らのペン」

    a thúath   [a θuːaθ]「彼の人々」
    a túath   [a tuːaθ]「彼女の人々」
    a túath   [a duːaθ]「彼らの人々」

    a chenn   [a xʻen]「彼の頭」
    a cenn   [a kʻen]「彼女の頭」
    a cenn   [a gʻen]「彼らの頭」

B. a ben   [a βʻen]「彼の女」
    a ben   [a bʻen]「彼女の女」
    a mben   [a mʻen]「彼らの女」

    a dán   [a ðaːn]「彼の贈り物」
    a dán   [a daːn]「彼女の贈り物」
    a ndán   [a naːn]「彼らの贈り物」

    a ga   [a ɣa]「彼の槍」
    a ga   [a ga]「彼女の槍」
    a nga   [a ŋa]「彼らの槍」

うえのAの例において,「ペン」,「人々」,「頭」を意味する語には,それぞれ3つの異形態,[fʻen]〜[pʻen]〜[bʻen],[θuːaθ]〜[tuːaθ]〜[duːaθ],[xʻen]〜[kʻen]〜[gʻen] があることがわかる.これらの3つの語の初頭音は,それぞれ,調音点が唇,歯茎,軟口蓋という違いがあるが,「彼の」を表わすaの後では無声摩擦音,「彼女の」を表わすaの後で

は無声閉鎖音,「彼らの」を表わす a の後では有声閉鎖音という分布を示している ([f]～[p]～[b], [θ]～[t]～[d], [x]～[k]～[g]. 議論を煩雑にしないために,ここでは子音の口蓋化については考えないことにする).

さらに,Bにあげた「女」,「贈り物」,「槍」を意味する語にも,それぞれ [β'en]～[b'en]～[m'en], [ðaːn]～[daːn]～[naːn], [ɣa]～[ga]～[ŋa] という3つの異形態があることに気づく.この場合も,調音点の違いにかかわらず,「彼の」を表わす a の後では有声摩擦音,「彼女の」を表わす a の後では有声閉鎖音,「彼らの」を表わす a の後では鼻音という,Aの場合とは異なるが,やはり一貫性のある分布が初頭子音に観察される ([β]～[b]～[m], [ð]～[d]～[n], [ɣ]～[g]～[ŋ]).

AとBに示されている2つのタイプの初頭子音交替をまとめると,つぎのようになる.

	Aの例	Bの例
(1) a「彼の」が先行する場合	無声摩擦音	有声摩擦音
(2) a「彼女の」が先行する場合	無声閉鎖音	有声閉鎖音
(3) a「彼らの」が先行する場合	有声閉鎖音	鼻音

内的再建法の基本的な考え方にしたがって,(1),(2),(3)の3種類の子音の交替を本来のものではなく,条件変化の結果と考えるなら,基本となる子音は,(2)の無声閉鎖音(Aの例)および有声閉鎖音(Bの例)であり,(1)の場合には摩擦音化が生じたとみなすことができる.一方,

(3) の場合には，Bの例ではa mben, a ndán, a nga というつづりが明瞭に示しているように，(2) の基本子音に鼻音化が起こっている．また，(3) のAの例では，基本である (2) の無声閉鎖音に同じく鼻音化が生じ，鼻音のもつ有声性という特徴が与えられたと解釈することができる．

この名詞の初頭子音の交替を支配するのは，先行する「彼の」，「彼女の」，「彼らの」を意味する3人称の所有代名詞 a であることは容易に理解できる．これらの所有代名詞は3人称すべてに対してa [a] という同一の音声形式をとるが，それぞれ後続する名詞の初頭音に対して，うえで述べたように異なる影響をおよぼしている．つまり，「彼女の」を意味するaは直後の名詞の初頭音に何の影響も与えていないが，「彼の」の場合は摩擦音化，「彼らの」の場合は鼻音化が起こっている．

この共時的な現象に対して，歴史的な解釈をほどこすことが可能である．すなわち，「彼の」，「彼女の」，「彼らの」という意味的な弁別を担っているのは，共時的には所有代名詞の後に続く初頭子音の交替だが，これは本来の姿ではなかったという見方である．そもそも，aというひとつの所有代名詞の形式が3つの違った機能を果たすのは不自然である．したがって，aの後には本来異なった語末形式があり，この語末形式が直後の名詞の初頭子音の交替の要因になったと推定できる．この状況は，いわゆる連声(れんじょう)(sandhi)，つまり語の境界を越えて起こる音声変化としてとらえてよい．ところが，後に語末形式が消失してしまったために，本来は余剰的

な特徴であった後続名詞の初頭子音の交替が,「彼の」,「彼女の」,「彼らの」を区別する役割を果たすようになったと考えられる. 要は, この場合は条件変化が起こった環境が失われているのである. そこでつぎに問題となるのは, 初頭子音の交替を引き起こす要因となった, 直前の語末形式がどのようなものであったかである.

「彼らの」を意味する a という所有代名詞が鼻音で終わっていたということは, 容易に推定することができる. この末尾の鼻音と後続の名詞の初頭音とのあいだに進行同化が起こり, 初頭子音が鼻音化したのである. 他方,「彼の」を意味する a の後で, 摩擦音化が生じていることから, この a「彼の」は本来, 継続性という特徴をもつ分節素を末尾にもっていたと考えられる.

ところで, 古期アイルランド語の資料を詳細に検討すると, うえでみた初頭子音の交替と並行する現象が語中でも起きていることに気づく.

　ech [ex] 「馬」　　<*ek̂wos
　dub [duβ]「黒い」　<*dubos
　dét [d'e:d]「歯」　<*dentos

ech と dub にみられる *k>x, *b>β の変化は, いわゆる子音の弱化 (lenition) のひとつである摩擦音化, つまり閉鎖音が先行する母音から母音に固有の素性である継続性という特徴を受けた同化現象として説明される. 他方, dét [d'e:d] では, 本来の *t が直前の鼻音の有声性という特徴を受けて

dになる変化が生じている.

　うえでみた初頭子音交替と，語中にみられるこの弱化と鼻音化とを統一的に把握するためには，両者が同じ条件のもとで起こったと考えなければならない．すなわち，古期アイルランド語の先史において，語の境界であろうが，語中であろうが，子音の弱化と鼻音化という2つの条件変化が起こったことがわかる．

弱化：[p, t, k] ⟶ [f, θ, x]/V＿＿
　　　[b, d, g] ⟶ [β, ð, γ]/V＿＿
鼻音化：[p, t, k] ⟶ [b, d, g]/N＿＿
　　　　[b, d, g] ⟶ [m, n, ŋ]/N＿＿
　　　（ただし，条件となった鼻音Nは後に脱落する）

　そして，初頭子音交替については，「彼の」を意味する所有代名詞の場合は，母音で終わる語末形式がaの後に存在していたが，「彼らの」を意味する所有代名詞の場合は，語末形式は鼻音で終わっていたと推定できる．他方，「彼女の」を意味する所有代名詞では，aに続く語末形式は鼻音以外の子音で終わっていたに違いない．

a「彼の」　　　　＜*-V#
a「彼女の」　　　＜*-C#
　　　　　　　　　[−鼻音性]
a「彼らの」　　　＜*-N#
　　　　　　（#は，語の境界を表わす）

内的再建法にもとづく以上の分析は，古期アイルランド語の所有代名詞 a「彼の」，a「彼女の」，a「彼らの」がそれぞれどのような語末形式を本来もっていたのかを推定するうえで，重要な手がかりを与えてくれた．しかし，この場合，それらの語末形式を正確に決定することは，内的再建法だけでは不可能である．つまり，初頭子音交替を引き起こす条件となった，先行する語末形式を完全な形で復元できない点に，その限界があるのである．

　とはいえ，内的再建法によって得られたうえの知見は，古期アイルランド語の所有代名詞 a に対応する可能性をもつ他の諸言語の形式を限定する点で，きわめて重要な役割を果たしている．推定される語末形式の特性に合致するのは，サンスクリット語の指示代名詞の属格である asya（男性，中性単数），asyās（女性単数），eṣām（男性，中性複数）などによって再建される *esyo, *esyās, *eisōm である．このように，他言語からの情報を内的再建法から得られた推定に援用することによって，より正確な祖形の再構成が可能になるのである．

　以上の分析から明らかになった古期アイルランド語の所有代名詞の先史を，a thúath [a θuːaθ]「彼の人々」，a túath [a tuːaθ]「彼女の人々」，a túath [a duːaθ]「彼らの人々」を例にとって，まとめてみよう．

(Ⅰ)	(Ⅱ)	(Ⅲ)
*esyo toutā	*esyo θouθā	a θu:aθ
*esyās toutā	*esyās touθā	a tu:aθ
*eisōm toutā	*eisōm douθā	a du:aθ

最も古い（Ⅰ）の段階では,「彼の」,「彼女の」,「彼らの」という意味の区別は, *esyo, *esyās, *eisōm という形式そのものによってなされていた. つぎに, （Ⅰ）から（Ⅱ）にいたる段階で弱音化と鼻音化の変化が, 語中にも, また語の境界を越えても起こった. その結果, 所有代名詞に続く名詞「人々」は, *θouθā, *touθā, *douθā という形態音素的交替を示すようになった. この段階でも, 意味の弁別を担っているのは, やはり所有代名詞だった.

ところが, （Ⅱ）から（Ⅲ）にいたる段階において語末形式が脱落した結果, （Ⅱ）の段階でみられた形態音素的交替を条件づける環境がこわされてしまった. 所有代名詞自体に形態的な区別がなくなった結果, 本来余剰的な特徴にすぎなかった初頭子音の交替が, 意味の弁別に関与する示差的な機能を果たすようになった.

うえでみた古期アイルランド語の初頭子音交替は, 所有代名詞と名詞のあいだだけにかぎられているわけではなく, 統語的に句（フレーズ）を構成する単位, たとえば名詞句の2番目以降の語の初頭にも観察される. 例をあげると,「その強い男」を意味する名詞句は,「冠詞＋名詞＋形容詞」という語順をとるが, その単数主格, 単数属格, 単数対格の形式

はつぎのとおりである.

 単数主格　　in fer cumachtach　　　[in fʹer kuṽaxtax]
 単数属格　　ind fir chumachtaig　　　[ind irʹ xuṽaxtixʹ]
 単数対格　　in fer cumachtach　　　[in vʹer guṽaxtax]

この例に内的再建法を適用することによって，単数主格，属格および対格の失われた本来の語尾の形式を推定してみよう（これらの格語尾は，名詞，形容詞，冠詞という品詞の区別にかかわらず，本来，同一であったと考えられる）．

まず，所有代名詞にみられたのとまったく並行している初頭子音交替が，この場合にも観察されるので（f～ゼロ～v, k～x～g），本来，主格語尾は s, 属格語尾は母音，対格語尾は鼻音で終わっていたと推定できる（子音の弱化は母音の後で起こるが，f の場合には完全に消失し，m の場合には鼻音化した ṽ になる）．

つぎに，子音の口蓋化が問題になる．古期アイルランド語では前舌母音の前の子音は，基本的にすべて口蓋化した音質をもつようになった．また，正書法では，i, e はそれぞれ前後の子音および前の子音が口蓋化されていることを示すために用いられた．したがって，一般に，CiC とつづられているなら [CʹiCʹ], CeC とつづられているなら [CʹeC] を表わす．うえの例では，単数主格と単数対格の fer cumachtach について，語末の子音は口蓋化されていないのに対して，単数属格の fir chumachtaig の語末子音は口蓋化されている．そこで，単数属格語尾は本来，前舌母音ではじまっていた

116

が，主格と対格の語尾はそうではなかったという推定ができる．

さらに，「男」を意味する語は主格と対格（fer）では母音eをもっているのに対して，属格（fir）では母音はiである．この名詞語根の母音の違いは，消失した語尾が本来もっていた母音の違いによるものと考えることができる．つまり，一般にウムラウトとよばれる逆行同化がはたらき，この条件変化が生じてから，その条件となった母音が消失したと推定できる（「強い」を意味する形容詞の属格 chumachtaig [xuṽaxtix'] の末尾の母音 i は別の事情による．一般にアクセントのない音節の母音は，隣接する子音によって音色が変わりやすく，この場合は，後続子音［x'］の影響を受けたと考えられる）．すでに，単数属格の語尾は前舌母音ではじまり，単数主格と単数対格の語尾は非前舌母音ではじまるという推定をうえで行なった．このことを合わせて考慮するならば，以下のような推定が可能になる．「男」を意味する語は起源的には，fer ではなく，fir だった．属格の場合は語尾が前舌の高母音ではじまっていたために，変化が起こらなかったが，主格と対格の場合は語尾は非前舌の非高母音ではじまっていたために，その母音の影響を受け，語根の母音 i は引き下げられて e の位置に移った．

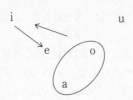

ウムラウトを引き起こす条件になった非前舌の非高母音とは,印欧祖語に存在した母音のうち,oあるいはaだったと考えられる.

以上の一連の推定によって,名詞の格語尾の本来の形式に関して,つぎのことが明らかになった.

(1) 単数主格語尾はs,属格語尾は母音,対格語尾は鼻音で終わっていた.
(2) 単数属格語尾は前舌母音ではじまっていた.
(3) 単数属格語尾は高母音であったのに対して,主格と対格語尾は非高母音ではじまっていた.

このことから,推定される語尾の特徴は,つぎのようにまとめることができる.

単数主格語尾: 　母音　　+s
$\begin{bmatrix} +後舌性 \\ -高舌性 \end{bmatrix}$

単数属格語尾: 　母音
$\begin{bmatrix} -後舌性 \\ +高舌性 \end{bmatrix}$

単数対格語尾： 母音　　　＋鼻音
　　　　　　　[+後舌性]
　　　　　　　[−高舌性]

　内的再建法にもとづく以上の分析によって，古期アイルランド語の名詞の格語尾の形式が起源的にどのようなものであったかという問題について，かなり実質的な知見が引き出された．しかしながら，やはりこの場合も，条件変化が起こった環境が失われてしまっているので，内的再建法だけでは語尾の形式を正確に決定することはできない．祖形の正確な決定には比較言語学的な情報が必要になってくる．この場合は，ラテン語の対応する語尾，単数主格 -us（＜*-os），単数属格 -ī，単数対格 -um（＜*-om）から，前アイルランド語の時期の単数主格語尾が *-os，単数属格語尾が *-ī，単数対格語尾が *-om であったことが明らかになる．

　さらに，語尾もふくめて，うえで分析した名詞句の全体は，他の印欧諸語との比較によってつぎのように再構成できる．

単数主格　in fer cumachtach ［in fʹer kuṽaxtax］
　　　　　＜*sindos wiros komaktākos
単数属格　ind fʹir chumachtaig ［ind irʹ xuṽaxtixʹ］
　　　　　＜*sindī wirī komaktākī
単数対格　in fer cumachtach ［in vʹer guṽaxtax］
　　　　　＜*sindom wirom komaktākom

古期アイルランド語の重要な特徴のひとつとして，語末が脱落したことがあげられる．しかし，すでに述べたように，語末は単に脱落するのではなく，鼻音化，子音の弱化，口蓋化，ウムラウトといった条件変化によって，隣接する分節素に影響を与えてから脱落する．いいかえると，多くの言語変化をこうむりながらも，記録以前の言語の状態を推定することを可能にするいくつかの痕跡をなお保持しているという点が，古期アイルランド語の非常に面白いところである．うえで示した名詞句全体の再建形についても，すでに示したように，古期アイルランド語の内部の根拠だけにもとづいて推定可能な部分が多くふくまれている．

　とはいえ，wが語頭でfになる変化や，sがアクセントの落ちない語（この場合は冠詞）の初頭で消失するといった変化については，古期アイルランド語の共時的な事実からだけではまったく推定が不可能である．このような問題を明らかにするには，やはり比較方法に頼らざるをえない．

第3節　内的再建法の限界

　前節で，条件変化を引き起こした環境が保たれていない場合，内的再建法だけでは，その条件変化と，条件変化が生じた環境を正確に再構成することは困難であることを示した．一般に，条件変化はつぎのような形で書き表わすことができる．

A ⟶ B / C___D

前節でみたのは，条件変化が起こった後，別の変化によって環境，つまりC___Dの部分が変更を受けた場合だった．しかし，環境が保たれていない場合だけが，内的再建法の限界となるわけではない．

条件変化では，その規則が適用されるためにはどのような構造をもっていなければならないか，そしてその結果，どのような構造をもつようになったかが問題となる．前者は構造記述（structural description），後者は構造変化（structural change）とよばれる．うえの定式化では，CADが構造記述，CBDが構造変化にあたる．

実際の言語データでは，条件変化が起こる構造記述を満たしていながら，予想される構造変化が与えられていないようにみえる場合がある．これは，条件変化が生じた後で，新たに構造記述を満たす分節素の連続がうまれたからであると考えられる．つまり，構造記述は満たされることにはなるが，その時点ではもはや変化規則がはたらいていないので，変化は受けない．この場合，2つのケースが考えられる．ひとつは，うえの定式化のAの部分，すなわち変化を受ける分節素が2次的につくられるケースで，もうひとつは，やはり条件変化の作用が終わった後で，うえのC___Dの部分，すなわち変化の条件になった環境と同じ環境が新たにできるケースである．

以上の2つのケースは，一見したところでは，内的再建

法によって推定される条件変化の例外と思われるかもしれない．そして，それが例外でないことを裏づける根拠がその言語の内部のデータから得られないかぎり，内的再建法の適用はむずかしくなるだろう．本節では，これらの2つのケースを順にみてみよう．

まず，条件変化の作用が終わってから，その変化を受けたのと同じ分節素が同じ環境のもとで2次的につくられたケースを考えてみよう．

古代ギリシア語のアッティカ方言では，「盗人」(男性名詞)，「番人」(男性名詞)，「肉」(中性名詞)を意味する名詞は，名詞パラダイムの一部としてつぎのような形式をもつ(アクセントは，ここでの議論と直接かかわらないので省略する)．

	「盗人」(男性)	「番人」(男性)	「肉」(中性)
単数主格	klōps	phylaks	kreas
属格	klōpos	phylakos	kreōs
与格	klōpi	phylaki	kreai

「盗人」と「番人」を意味する名詞は，ともに男性名詞であるので，同じ格語尾の形式をもっていると推定できる．そこで，単数主格の klōps と phylaks，単数属格の klōpos と phylakos，単数与格の klōpi と phylaki を比較することによって，単数主格語尾が -s，単数属格語尾が -os，単数与格語尾が -i であると認定できる．また，それぞれの名詞語幹が klōp- と phylak- であることも容易にわかる．

つぎに,「肉」を意味する中性名詞をみてみよう.アッティカ方言では中性名詞の単数主格語尾はゼロで,一般に語幹の形式がそのまま単数主格として使われた(ここでの分析は内的再建法にしたがっているので,他の言語に言及することはさけたいが,一般に印欧語の中性名詞の単数主格・対格語尾はゼロである).したがって,「肉」という名詞の語幹はkreas-であることがわかる.ところで,うえの「盗人」と「番人」という名詞の分析から得られた本来の単数属格語尾-os,単数与格語尾-iを,語幹のkreas-につけるならば,単数属格 *kreasos,単数与格 *kreasiという形式が推定される.ところが,実際のアッティカ方言の単数属格はkreōs,単数与格はkreaiである.したがって,アッティカ方言の先史において,s⟶ゼロ/V___V という,母音間でsが脱落する変化が起こったと考えられる.さらに,単数属格ではsが母音間で落ちた後,母音融合が生じている.

ところが,この内的再建法にもとづいて推定される s⟶ゼロ/V___V という変化規則の例外のようにみえる例がある.そのひとつの例は,「肉」(中性)の複数与格のkreasiという形式である.この例はうえの変化規則の構造記述を満たしているように思えるが,実際には変化を受けていない.したがって,母音間でsが脱落するという,うえで考えた規則の妥当性に疑いがなげかけられることになる.

もしkreasiのような例が実際には例外ではないということを示す根拠がデータのどこにもないとしたなら,内的再建法によって決定的な結論に到達することはむずかしい.しか

し，この場合には，kreasiのsがもともと存在したのではなく，2次的にもたらされたものであることを示す根拠がアッティカ方言の内部にある．それが，「盗人」の複数与格のklōpsiや「番人」の複数与格のphylaksiという例である．これらから，klōp-とphylak-という語幹につく複数与格の語尾が-siであることがわかる．この同じ語尾がkreas-という語幹にもついたと考えるなら，複数与格のkreasiはもともとはkreassiであったということになる．したがって，アッティカ方言の先史において，まずs⟶ゼロ/V___Vという変化が起こり，つぎにss⟶sという変化が起こったと考えれば矛盾はない．もし，ss⟶sという変化が先に起こったと考えるならば，本来のssがsと融合する結果となり，ssもアッティカ方言でゼロで現われるはずであるが，実際はそうではない．

	単数属格	単数与格	複数与格
	*kreasos	*kreasi	*kreassi
s⟶ゼロ/V___V	kreaos	kreai	kreassi
ss⟶s	—	—	kreasi
母音融合	kreōs	—	—
アッティカ方言	kreōs	kreai	kreasi

さらに母音間でsをもっている例として，「愛」(男性名詞)の複数与格のerōsiがある．このerōsiのsもやはりssに由来するのだろうか．「愛」という名詞の単数主格，単数属格，単数与格は，それぞれerōs, erōtos, erōtiという形

式である.このうち,単数属格の erōtos と単数与格の erōti から,すでにうえの分析で明らかにされた単数属格語尾の -os と単数与格語尾の -i をとると,語幹は erōt- であることがわかる.このことから,「愛」を意味する名詞の単数主格と複数与格は,以下の形式にさかのぼり,

単数主格 　　　erōs ＜*erōts
複数与格 　　　erōsi＜*erōtsi

*ts＞s という変化が,アッティカ方言の先史に起こったと推定できる.

　以上の分析の結果,これまであつかったデータに関するかぎりでは,内的再建法にもとづいてたてられた s—→ゼロ /V___V という変化は妥当であり,母音間に s が残っている場合,その s は ss あるいは ts にさかのぼることが示された.うえでの分析で,非常に重要な役割を果たしたのは,名詞パラダイムの内部にみられる語幹の異形態の分析だった.ところが,パラダイムから切り離され,異形態も観察されない孤立した例に s が残っている場合には,その s の先史を正しく理解することはむずかしい.

　考えられるひとつの例をあげてみよう.大部分のアッティカ方言の動詞は 1 人称単数現在形が -ō という語尾で終わるが,一部の動詞は -ō ではなく,-mi という語尾をもっている.このいわゆる mi-動詞の 3 人称単数現在形は,やはり通常の -ei ではなく,-si という語尾で特徴づけられている.その代表的な例として,tithēsi「彼は置く」,didōsi「彼は与え

る」, histēsi「彼は立てる」などがあげられる. 一般に, mi-動詞の語幹は母音で終わっているために, 3人称単数現在形の語尾 -si の s は母音間に位置し, s → ゼロ/V___V という規則が適用される構造記述を満たしているようにみえる. しかし, うえの例にみられるように s が残っているので, この s はもともとは s ではなく, 2次的にできたものであると推定できる.

この推定はもっともなもので, それ自体何ら問題があるわけではない. ところが, すでにみた, パラダイム中の名詞語幹に異形態の交替がみられる複数与格の場合とは事情が異なり, -si という動詞語尾がつく語幹は一般にすべて母音で終わっている. したがって, この -si の s が何に由来するのかを知る手がかりがないように思える. このような状況は内的再建法の限界を示しているといえるだろう.

しかし, 大部分の mi-動詞の語幹が母音で終わっているなかで, 子音で終わる語幹をもつ貴重な mi-動詞がある. それは存在動詞である. 存在動詞の3人称単数現在形は esti という形式で, 語尾が通常の -si ではなく -ti である. この事実から, 一般の mi-動詞の3人称単数現在形の語尾 -si は, 本来 -ti であったという推定が可能になる. もし esti という形式が記録に残っていなかったなら, -si という語尾の起源は謎のままであっただろう.

内的再建法の枠組みにとどまらず, 比較言語学的な事実を考慮にいれれば, うえのような問題は容易に解明される. すなわち, アッティカ方言の mi-動詞の tithēsi「彼は置く」に

対応する例として,ドーリア方言の tithēti,サンスクリット語の dadhāti がある.したがって,アッティカ方言の -si が *-ti にさかのぼることは,比較方法を使えば無理なく理解されるのである.

さて,内的再建法の適用が容易でないもうひとつのケースをみてみよう.それは,条件変化の作用が終わった後で,変化を引き起こした環境と同じ環境が2次的につくられたために,構造記述を満たしているようにみえるケースである.

古教会スラブ語の「狼」と「町」を意味する名詞は,単数主格,位格,呼格として,以下の諸形式をもっている.

	「狼」	「町」
単数主格	vlъkъ	gradъ
位格	vlъcě	gradě
呼格	vlъče	grade

2つの名詞の比較によって,単数主格,位格,呼格の語尾は,それぞれ -ъ, -ě, -e であることがわかる.他方,語幹のほうは,「町」においては grad- という一定の語幹であるのに対して,「狼」のほうは,vlъk-, vlъc-, vlъč- という異形態の交替がみられる.すでに第2章の第5節で,(12)の第1口蓋化規則が古教会スラブ語に起こったことをみた.

(12) 第1口蓋化規則:*k, *g, *x ⟶ č, ž, š / ___V
                                           [−後舌性]

この規則がうえの「狼」の単数呼格の形式に適用されたこと

は明らかである．しかし，同じ前舌母音の前にありながら，なぜ単数位格の vlъcě が č [tʃ] ではなく，c [ts] をもっているのかが説明できない（ě という文字は [ē] を表わすが，第1口蓋化は短母音であろうが，長母音であろうが，すべての前舌母音の前で起こった）．

考えられるひとつの理由は，単数位格の vlъcě の c が本来 k ではなく，別の分節素であったという見方である．しかし，vlъc- は同一の名詞語幹の異形態なので，c は k に由来するとしか考えられない．したがって，別の説明が必要になる．

残る可能性は，単数位格の vlъcě の ě は第1口蓋化規則が適用されたときには ě でなく，別の分節素であったために構造記述を満たしておらず，後に ě になってから第1口蓋化とは違った口蓋化の作用によって，直前の k が c になったという見方である．この見方の蓋然性は高いが，それでは vlъcě の ě が何に由来するのかという問題になったとき，内的再建法では限界があり，比較方法に頼らざるを得ない．

古教会スラブ語の単数主格 vlъkъ，単数位格 vlъcě，単数呼格 vlъče は，対応するギリシア語の lykos, lykoi, lyke やサンスクリット語の vṛkas, vṛke, vṛka などから，以下の祖形にさかのぼることがわかる．

単数主格	vlъkъ < *wl̥kʷos
位格	vlъcě < *wl̥kʷoi
呼格	vlъče < *wl̥kʷe

単数位格の vlъcě の ě が *oi にさかのぼることと,古教会スラブ語の cělъ「健やかな」がゴート語の hails などとの比較から *kailos という祖形にさかのぼることから,つぎの (14) に示した,二重母音が単音化する変化が古教会スラブ語に起こったと考えられる(スラブ祖語では,短母音の *a は *o になった).

(14) *oi, *ai ⟶ *oi ⟶ *ē ⟶ ě

(14) の変化が生じてから,k を c に変えるいわゆる第2口蓋化規則がはたらいた.これは ě の前で,k を c に変えるだけでなく,g を z に(古教会スラブ語 zělo「たいへん」< *gail-),x を s に(古教会スラブ語 sěrъ<*xoiro-.ポーランド語では szary [š-])に変えた.

(15) 第2口蓋化規則:*k, *g, *x ⟶ c, z, s/＿＿ě

以上の分析から,古教会スラブ語の単数主格 vlъkъ,単数位格 vlъcě,単数呼格 vlъče は,つぎのような先史を経て成立したことが明らかになる.

	単数主格	単数位格	単数呼格
印欧祖語	*wl̥kʷos	*wl̥kʷoi	*wl̥kʷe
スラブ祖語	*vilkos	*vilkoi	*vilke
(12)の規則	――	――	vilče
(14)の規則	――	vilkě	
(15)の規則	――	vilcě	――
	……	……	……
古教会スラブ語	vlъkъ	vlъcě	vlъče

本章のこれまでの分析から,内的再建法は比較方法とどのように違うかが明らかになったと思う.両者の相違は単に方法論ばかりでなく,得られる結果においても異なっている.つまり,比較方法が祖語を体系的に再建することを可能にするのに対して,内的再建法は特定の言語の先史,あるいは共通祖語のより以前の歴史を部分的に解明してくれるにすぎず,そこにはおのずから限界も生じてくる.とはいえ,言語学の歴史において,比較方法だけでは説明のつかなかった問題が,内的再建法を適用することによって見事に解き明かされたという例はけっして少なくないのである.

第4章 類推

第1節 類推の役割

　比較方法と内的再建法を問題とした第2章と第3章は，言語の記録以前の状態を推定するとともに，どのような音法則が先史の段階で生じたかを明らかにすることが主な目標だった．これまでみてきた音法則は，もっぱら音声的な観点から定義されるものであり，形態的，統語的，意味的な情報はいっさいふくまれていなかった．しかし，音法則を，言語変化を引き起こす唯一の要因ととらえてしまうと，十分に納得のいく説明を与えることのできない問題が数多く残されることになる．

　たとえば，現代英語の cow は古英語では cū [kuː] で，その複数は cȳ [kyː] だった．この複数の形式は，現代英語の北部方言に [kai] として残っている．また，14世紀頃の文献に kyn という n の要素がついた形式が記録されており，これは詩語などの古めかしいスタイルにおいてみられる kine に変化した．

	古英語	現代英語
単数	cū [kuː]	→ cow [kau]
複数	cȳ [kyː]	→ [kai]（方言）

この変化は，大母音推移とよばれる 15 世紀以降に起こった英語の長母音の一連の推移によって規則的に説明される．大母音推移では，すべての長母音は舌の位置が一段ずつ高くなり，[iː] と [uː] についてはそれ以上高くなれないので，それぞれ二重母音の [ai] と [au] になった．

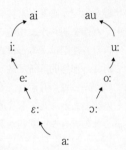

iː>ai, uː>au の変化を受けた他の例としては，how<hū [huː], out<ūt [uːt], why<hwȳ [hwyː], bride<brȳd [bryːd] などがある．

ところが，オックスフォード英語辞典（*OED*）によれば，複数の形式として cows [kauz] が 1607 年にはじめて記録されている．ここで観察される複数形の [kai] から [kauz]，あるいは [kain] から [kauz] への移行は，けっ

して音変化では説明できない．そこで，音変化では説明できないとしたなら，いったいどのようなプロセスがこの変化に関与しているのかということが問題となる．

現代英語において，名詞の複数形をつくる一般的な方法は，単数形に -s という接尾辞をつけるやり方である（ただし，異形態として，[z], [s], [əz] がある）．ところが，古英語の複数形の形成法は多様であり，現代英語のように，ひとつの方法が支配的ということはなかった．たとえば，以下の nama「名前」（男性名詞），scip「船」（中性名詞），hand「手」（女性名詞），stān「石」（男性名詞）のパラダイムをみてほしい．

	nama「名前」			scip「船」	
	単数	複数		単数	複数
主格	nama	naman	主格	scip	scipu
対格	naman	naman	対格	scip	scipu
属格	naman	namena	属格	scipes	scipa
与格	naman	namum	与格	scipe	scipum

	hand「手」			stān「石」	
	単数	複数		単数	複数
主格	hand	handa	主格	stān	stānas
対格	hand	handa	対格	stān	stānas
属格	handa	handa	属格	stānes	stāna
与格	handa	handum	与格	stāne	stānum

古英語では，複数という数を独自に表わす形態素はなかっ

た.名詞の曲用では,数は格および性（gender）から切り離されることはなく,ひとつの接辞がこれら3つのカテゴリーに関する情報を同時に表わすという屈折言語の特性を示していた.しかも,たとえば,複数主格男性形を表わす形態素といってもけっして一様ではなく,さまざまな形式がみられる（うえの nama「名前」と stān「石」のパラダイムを参照）.

このような複雑な体系は,すでに古英語の時期から徐々にくずれてきていた.まず,語末の鼻音が不安定になり,消失した.つぎに,強勢の落ちない末尾の音節の母音が弱化して [ə] になり,最終的には完全に脱落した.しかし,うえの stān「石」のタイプでは,複数の主格と対格（および単数属格）にみられる語末の -s は安定していて,けっして脱落しなかった.その結果,この -s は名詞の複数形を表わすうえで,もっとも重要な役割を果たすようになった.

うえで音法則だけからは導かれないことを示した cows という複数形は,この stone: stones というタイプからの類推によって,2次的につくられたものと考えられる.すなわち,音法則によって予想される cow と [kai]（あるいは [kain]）のあいだには,単数と複数の関係が十分明らかでないので,そのことをもっと明瞭に表わす必要があった.そのために cows という形式が複数形として,新たに導入された.この新しい複数形がつくられる際には,つぎの比例式がはたらいたものと考えられる.

stone：stones＝cow：X　　　X＝cows

この比例式による類推（proportional analogy）では，特定の形式のあいだにすでに存在している規則的な関係を，別の形式のあいだにも一般化しようというプロセスが作用している．

類推という現象は，言語の内部で広く観察される．英語でも，もちろん，うえで示した名詞の複数形の場合だけでなく，たとえば，動詞の過去形と過去分詞の形成にも関与している．英語をふくむゲルマン諸語では，動詞は強変化動詞と弱変化動詞という2つのグループに分類することができる．強変化動詞は母音交替を示すという特徴をもつ．たとえば，英語の sing, sang, sung という活用形式は，それぞれ印欧祖語の *seng^{w}h, *song^{w}h, *sṇg^{w}h にさかのぼり，e：o：ゼロという基本的な母音交替のパターンが認められる．これに対して，弱変化動詞はゲルマン諸語に特有の新しいタイプであり，過去形と過去分詞形は歯茎音をふくむ接尾辞によってつくられる（たとえば，英語では，love, loved, loved のように接尾辞 -ed が用いられる）．

ところで，同じゲルマン語派に属する英語とドイツ語の動詞のなかには，同源語でありながら，一方の言語では弱変化動詞，もう一方では強変化動詞として分類されている例がある．その代表的な例として，英語の help とドイツ語の helfen があげられる．前者は help, helped, helped というように，過去形と過去分詞形が弱変化動詞に固有の -ed をも

つのに対して，後者ではhelfen, half, geholfenというように，強変化動詞の特徴である母音交替を示している．ところが，古英語では，現代英語と違って，helpan（不定詞），healp（3人称単数過去），holpen（過去分詞）というように母音交替がみられる．したがって，この動詞はゲルマン祖語では強変化動詞に属していたが，英語の歴史のなかで弱変化動詞に移行したということがわかる．

この強変化動詞から弱変化動詞への移行は，音法則ではけっして説明することができず，弱変化動詞からの類推がはたらいたものと考えられる．強変化動詞は，母音交替を示す点で弱変化動詞とは区別されるが，drive, drove, drivenやchoose, chose, chosenなどにみられるように，さまざまな母音交替のクラスに分類され，全体としては一様ではない．-edという接尾辞で過去形と過去分詞形が規則的につくられる弱変化動詞とは異なり，どの母音交替のクラスに属するかは，それぞれの動詞の語彙的な特徴で決定されるという意味で，強変化動詞は不規則であるといえるだろう．英語の歴史のなかで，本来，強変化動詞であった「助ける」が弱変化動詞に移ったのは，弱変化動詞の規則的なパターンが，つぎの比例式による類推によって，一般化されたからであると考えられる．

 love：loved（過去形）：loved（過去分詞形）
 ＝help：X_1：X_2
 X_1＝helped，X_2＝helped

以上みたように，英語の名詞の複数形にしろ，動詞の過去形と過去分詞にしろ，より規則的な形成法が類推によって一般化される傾向があることがわかった．この一般化は，特に幼児の言語習得や新しくつくられた名詞や動詞の屈折において，顕著にみられる．たとえば，言語の習得過程にある幼児は，foot の複数形を foots といったり，teach の過去形を teached といったりする．このような言い誤りは，不規則である正しい形式を語彙的に習得する前に，規則的なパターンが過度に一般化されたために生じたものと考えられる．

　また，科学技術の発達によって新しくつくられた語，たとえば，nuke という動詞（本来の意味は「核爆弾（nuclear weapon）を落とす」であったが，意味の拡張をこうむって「破壊する」という一般的な意味になっている）は，過去形と過去分詞形をつくる場合，母音交替をともなう強変化動詞のパターンではなく，接尾辞 -ed による弱変化動詞の規則的なパターンにしたがっている．

　うえにみてきたところから，言語変化に直接かかわるのは音変化だけではなく，類推も大きな役割を果たしていることが明らかになった．純粋に音声的な要因だけで決定される音変化の場合とは違って，類推は形態的な情報と意味的，機能的な情報とが結びついて，言語変化に影響を与える．そしてその結果，不規則にみえる形式のかわりに，規則的な形式が新たにもたらされるのである．

　類推によって規則性が言語に与えられることは事実だが，どのような場合に類推がはたらくのかという問題になると，

納得のいく説明をすることは困難である．英語の名詞の複数形の場合，うえでみた cow「牛」，それに eye「目」や shoe「靴」などの複数形には類推がはたらいた（「目」と「靴」については，eyes と shoes がそれぞれ古い eyen, shoon にとって代わった）．しかし，mouse「ねずみ」，foot「足」，goose「がちょう」などについては，複数形は mice, feet, geese というように不規則であり，接尾辞 -s による規則的なパターンが広がっていない．日常生活のなかで身近な語は，頻繁に使用されるために，類推の作用を受けにくいという説明が可能かもしれない．しかし，うえの例を考えると，英語では「ねずみ」や「足」や「がちょう」が「牛」や「目」や「靴」よりも身近であるために，類推が広がらなかったという説明はあまり説得力がないように思われる．もちろん，文化的な背景を考慮にいれなければならないが，基本的には類推は，音法則のように例外なく適用されるものではなく，不規則に作用するプロセスであると考えざるをえない．

さて，「ねずみ」，「足」，「がちょう」を意味する名詞の複数形の形成法は不規則であると述べた．現代英語の記述的な分析では，たしかにそのとおりなのだが，歴史的には，mouse と mice, foot と feet, goose と geese というペアは音変化によって規則的にもたらされたものである．これらに対応する古英語の形式と古英語以前に用いられたと推定される形式は，以下のとおりである．

現代英語	古英語	古英語以前の推定形
mouse	mūs [muːs]	*muːs
mice	mȳs [myːs]	*muːsi
foot	fōt [foːt]	*foːt
feet	fēt [feːt]	*foːti
goose	gōs [goːs]	*gans
geese	gēs [geːs]	*gansi

うえの例で,古英語と現代英語のあいだの長母音と二重母音の違いは,すでに述べた大母音推移によって説明される.古英語以前の推定形においては,名詞語幹は単数でも複数でも同一の形式だが,複数形は *-i という接尾辞によって特徴づけられていたことがわかる.つまり,複数形は単数形に *-i をつけることによって,規則的につくられていたのである.ところが,後に i-ウムラウトという音変化によって,語幹の母音 uː と oː が,それぞれ yː と eː に変化した.gēs についても,n の脱落にともなう母音の延長はあるが,やはりウムラウトが関与している.さらに,複数形の語末の *-i が脱落することによって,古英語の形式が成立した.この *-i の脱落によって,単数形と複数形のあいだの語幹母音の変化は,もはや音声的な条件から規則的に予測できるものではなく,それぞれの形式の語彙的な情報によるものになった.

このようにして不規則な複数形が音法則によってつくられたが,ここで音法則と類推のあいだには,一見,逆説めいた関係があることがわかる.それを簡潔にまとめると,「音法

則は規則的に適用されるが,不規則性をうみだす.他方,類推は不規則にはたらくが,規則性をもたらす」ということになる.音法則は形態的あるいは意味的な情報に関係なくはたらくために,規則的なパターンから逸脱するような形式をつくりだすのに対して,類推は非音声的な要因によって,例外的にみえる形式をより一般的なパターンにあわせるのである.

　第2章の第3節で述べたように,青年文法学派の学者たちは「音法則に例外なし」を基本的な命題とすることによって,輝かしい研究成果をもたらした.ただし,彼らは,言語変化を説明するのは音法則だけではなく,類推も重要な役割を果たすことを認識していた.そして,音法則と類推は互いに影響をおよぼし合うが,それぞれ性格の違う,独立したプロセスであると考えた.音法則と類推とのあいだに一線を画し,うえで示した類推に固有の特徴を認めることによってはじめて,彼らは「音変化の規則性」という基本理念を築くことができたのである.

第2節　パラダイムの画一化

　前節であつかった比例式による類推は,与えられた2つの形式のあいだにみられる規則的な形態的パターンが別の2つの形式に一般化されるプロセスとして理解される.この場合,類推の比例式に関わる2つの形式は,なんらかの点で機能的に関連していなければならなかった(たとえば,「単数:複数」や「現在:過去」など).他方,これとは別のタ

イプの類推もある．それには類推の比例式は関わっておらず，ひとつのパラダイムの内部に存在する形態音素的な交替を完全に，あるいは部分的に，とりのぞこうとするプロセスがはたらいている．このプロセスは，一般にパラダイムの画一化（paradigm leveling）とよばれる．

たとえば，つぎの古英語の weorþan「〜になる」という動詞の例をみてほしい．古英語においては，3人称単数現在形，3人称単数過去形，複数過去，過去分詞の4つの形式が基本であり，この4つが与えられれば，パラダイムにふくまれるすべての形式が自動的に予測できる．

	古英語	サンスクリット語
3人称単数現在形	wierþ	vártate
3人称単数過去形	wearþ	vavárta
複数過去	wurdon	vavr̥timá（1人称）
過去分詞	worden	vavr̥tāná

語幹末尾の阻害音に注目するならば，古英語ではþとdの交替がみられる．これに対して，対応するサンスクリット語では，パラダイムをとおして語幹末に t が現われている．この2つの状態を比較すると，サンスクリット語のほうが古くて，古英語にみられるþとdの交替はゲルマン語独自の音変化によってもたらされたものと考えられる．まず，3人称単数現在形と3人称単数過去形にみられるþは，一般に「グリムの法則」として知られているゲルマン祖語の時期に生じた子音推移の結果である．グリムの法則はつぎの3系

列の子音それぞれに生じた.

　〈印欧祖語〉　　　　　　〈ゲルマン祖語〉
　無声閉鎖音　　───→　無声摩擦音
　　　(例　サンスクリット語 tra<u>y</u>aḥ「3」, 英語 <u>th</u>ree)
　有声閉鎖音　　───→　無声閉鎖音
　　　(例　サンスクリット語 <u>d</u>aśa「10」, 英語 <u>t</u>en)
　有声帯気閉鎖音　───→　有声無気閉鎖音
　　　(例　サンスクリット語 <u>bh</u>arati「運ぶ」, 英語 <u>b</u>ear)

これによって,うえの古英語の wierþ と wearþ の þ は,印欧祖語に直接さかのぼるサンスクリット語の t に規則的に対応していることがわかる.

　つぎに,複数過去 wurdon と過去分詞 worden の語幹末の d は,いわゆる「ヴェルネルの法則」によって説明される.ヴェルネルの法則とは,グリムの法則によってもたらされた無声摩擦音が,直前にアクセントがある場合をのぞいて有声音になるという同じくゲルマン祖語の時期に起こった変化である.たとえば,古英語の brōþor「兄弟」と fæder「父」のあいだにみられる þ と d の違いは,brōþor の場合はヴェルネルの法則がはたらいたときにアクセントは直前にあったが(対応するギリシア語の phrátēr を参照.印欧祖語のアクセントを書かれた記録のなかに残している代表的な言語は,ギリシア語とサンスクリット語である),fæder の場合はアクセントが後ろにあったことによる(対応するギリシア語の patḗr を参照).

```
印欧祖語 *bhrátēr ──→ *bróþēr ──→ 古英語 brōþor
印欧祖語 *pətêr  ──→ *faþêr ──→ *faðêr ──→ 古英語 fæder
                   グリムの法則    ヴェルネルの法則
```

古英語の複数過去の wurdon と過去分詞 worden にみられる d も,うえで示した対応するサンスクリット語の vavṛtimá と vavṛtāná においてアクセントが直前にないことから,ヴェルネルの法則の適用の結果であることがわかる.

ヴェルネルの法則は,グリムの法則によってつくられた無声摩擦音ばかりでなく,もともと無声摩擦音として存在した s にも適用された.つぎの古英語の frēosan「凍る」のパラダイムをみてほしい.

	古英語
3人称単数現在形	frȳst
3人称単数過去形	frēas
複数過去	fruron (< *fruzon)
過去分詞	froren (< *frozen)

この例でも,語幹末で s と r の交替がみられる.複数過去と過去分詞にみられる r は,s が z を経て r となる,いわゆるロタシズム (r-音化, rhotacism) の現象として説明される.この s と r の交替の要因となったのは,やはりアクセントの位置の違いである.すなわち,アクセントは3人称単数の現在形と過去形では語幹に,複数過去と過去分詞では語尾に落ちるという一般的なパターンが交替の原因だった.ゲ

ルマン諸語では一般に，ヴェルネルの法則が生じた後に，アクセントが語頭の位置に移ったため，このs～rやうえのþ～dにみられるようなパラダイム内部の交替は，もはや音声的に条件づけられておらず，規則的に予測することができない．また，摩擦音以外の子音で終わる動詞語幹には，このような交替はまったくみられない．

この不規則にみえるパラダイム内部の交替は，うえに示したように，古英語の時期にはなお保持されていた．ところが，英語の歴史において，このような交替はほとんど後にとりのぞかれてしまっている．たとえば，うえの「凍る」の例では，現代英語はfreeze, froze, frozenというように，交替を示していたs～rのうちのs（＞z）のほうをパラダイムの内部に一般化している．同じ動詞について，ドイツ語の場合は，別の方向の一般化がなされた．すなわち，frieren, fror, gefrorenにみられるように，本来，ゲルマン祖語に存在したs～rのうち，rのほうがパラダイムの全体に広がっている．ただし，英語のwas, wereやドイツ語のziehen「引く」, zog, gezogenのように，パラダイムの画一化をこうむっていない例もある．

印欧語のような屈折言語では，名詞であれ動詞であれ，パラダイムをとおして語幹の形式を一定にしようという傾向が顕著である．動詞の場合，このパラダイムの画一化というプロセスで，非常に重要な役割を果たすのは3人称の形式である．印欧語の場合，人称という文法範疇は1人称，2人称，3人称の3つに分けられる（他の言語では，これ以外の

人称をもつ例もある）．この3つの人称のうち，そこから類推がパラダイムの全体に広がる基本となる形式をもっているのは，多くの場合，3人称である．たとえば，つぎの現代ポーランド語の be 動詞の現在形のパラダイムをみてみよう．

　単数1人称　jestem　　複数1人称　jesteśmy
　　　2人称　jesteś　　　　　2人称　jesteście
　　　3人称　jest　　　　　　3人称　są

3人称複数の są をのぞくと，パラダイムの他のすべての位置で，jest- という形式が使われていることに気づく．これに対して，印欧祖語として推定される be 動詞の現在形のパラダイムは以下のとおりである（語幹と語尾は，ハイフンで区切ってある）．

　単数1人称　*es-mi　　複数1人称　*s-me
　　　2人称　*es-si　　　　 2人称　*s-te
　　　3人称　*es-ti　　　　 3人称　*s-onti

現代ポーランド語と印欧祖語のパラダイムを比較してみると，3人称単数の jest と3人称複数の są だけが，印欧祖語の対応する形式をかなり忠実に継承していることがわかる．1人称と2人称の形式については，3人称単数の jest があたかも語幹であるかのように，1人称と2人称の固有の語尾を jest に付与することによって，新たにつくられている．ここでのパラダイムの再編に関して，つぎのような解釈をほどこすなら，ごく自然に理解することができる．3人称単数の

jest は本来，語幹が jes-，語尾が -t と分節されていたが（これは歴史的にみて正しい分節である），ポーランド語の歴史のある段階で，jest 全体が語幹であり，語尾はゼロであると再解釈された．

```
  jes-t    ⟶   jest-ゼロ
   ↑ ↑           ↑   ↑
  語幹 語尾     語幹 語尾
```

その結果，新しい語幹の jest- がパラダイムの1人称と2人称の位置に広がった．このように解釈すれば，起源的には t が存在しなかった1人称と2人称で，なぜ現代ポーランド語が語幹の一部に t をもつようになったのかという問題に対して，納得のいく説明を与えることができる．

この現代ポーランド語の例よりもさらに徹底したパラダイムの画一化の例が，現代ペルシア語の be 動詞の現在形のパラダイムに観察される（1人称と2人称の複数形の括弧内に示したのは口語の形式である）．

単数	1人称	hastam	複数	1人称	hastim
	2人称	hasti		2人称	hastid (hastin)
	3人称	hast		3人称	hastand (hastan)

ここでは，現代ポーランド語の場合と同様に，3人称単数の hast が語幹として再解釈され（has-t⟶hast-ゼロ），新しい語幹が1人称と2人称の位置だけではなく，3人称複数の位置にも広がり，パラダイム全体が hast- というひとつの語

幹によって特徴づけられている.

うえでみた現代ポーランド語と現代ペルシア語の be 動詞の例では, パラダイムの画一化が起こる際に基本となったのは 3 人称の形式だった. その理由はつぎのように理解することができる. 人称という文法範疇では, 一般的にいって, 1 人称は話し手を, 2 人称は聞き手をさす. これに対して 3 人称は, 話題の対象となる, その場には存在しない人や物をさすと考えられる. このように考えると, 3 つの人称のうち, 意味的にもっとも中立ととれるのは 3 人称である. したがって, 3 人称の形式は, 無標 (unmarked) であると解釈されるために, 多くの場合に, パラダイムの画一化が生じる際の基本的な出発点になるのである.

パラダイムの画一化においては 3 人称の形式が重要な役割を果たす, という考え方をとりいれることによって解明される問題は少なくない. そのひとつの代表例として, 古期アイルランド語の「t-過去 (t-preterite)」の起源の問題をみてみよう. すでに第 2 章の第 5 節で, サンスクリット語, ギリシア語, 古教会スラブ語などで, s-アオリストという動詞カテゴリーが生産的に用いられていることをみた. 古期アイルランド語にも, このカテゴリーに該当するものとして s-過去 (s-preterite) がある. ところが, 古期アイルランド語の記述文法には, s-過去とは別に, t-過去という動詞カテゴリーが存在するのである.

この t-過去は, 他の印欧語にはみられない, 古期アイルランド語に特有のカテゴリーである. たとえば, berid「彼は

運ぶ」という動詞は t-過去をとり,つぎのように活用する(以下に示すのは,接頭辞をとる連結形 [conjunct form] のパラダイムである).

単数1人称	-biurt	複数1人称	-bertammar
2人称	-birt	2人称	-bertid
3人称	-bert	3人称	-bertatar

このパラダイムから明らかなように,すべての位置に -t- という要素がみられる.ところで,t-過去は語根が l, r, m, g で終わる動詞に顕著にみられるという独自の分布を示す.また,古期アイルランド語の先史には,s が l, r, m, g と t のあいだに立つ場合,その s は消失するという音法則がはたらいた.

$$s \longrightarrow \text{ゼロ} / \begin{Bmatrix} l \\ r \\ m \\ g \end{Bmatrix} \underline{\quad} t$$

この音変化は,たとえば,tart「喉の渇き」(<*tarsto- < *tr̥sto-) などにみられる(同源語である古高地ドイツ語の durst, 英語の thirst を参照).

この音法則と t-過去をとる動詞の分布に注目するならば,t-過去は起源的には他の印欧諸語にも広くみられる s-アオリストと同一のカテゴリーに属していたが,l, r, m, g で語根が終わる動詞の場合,3人称単数の語尾 *-t の前で s が脱落し,その代償として本来は語尾であった -t が,過去とい

うテンスを示す指標としてパラダイムの内部に広がったという解釈を与えることができる．うえの berid という動詞を例にとって，図式的に t-過去の先史を表わすとつぎのようになる（議論をあまり複雑にしないために，以下ではその対象を単数の形式に限定する）．

	(I)	(II)	(III)	(IV)	(V)
単数 1 人称	*ber-s-ū			→*bert-ū	→biurt
2 人称	*ber-s-ī			→*bert-ī	→birt
3 人称	*ber-s-t	→*ber-t	→*ber-t-ゼロ	→*bert-ゼロ	→bert

　　　　　テンスの指標　語尾　テンスの指標　語尾

(I) の段階では，他の言語の s-アオリストと同じく，語根にテンスの指標である -s- がつき，bers- という語幹を形成し，この語幹に古期アイルランド語に特有の語尾がつけられていた．ところが，(II) の段階でテンスの指標の -s- が r と t のあいだで消失するという音変化が 3 人称単数形に起こり，その結果できあがった *bert という形式はテンスの指標を欠く点で，機能的に不明瞭だった．この不明瞭さをとりはらうために，起源的には語尾だった -t がテンスの指標であり，語尾はゼロであるという再解釈が (III) の段階でほどこされた．つぎに，(IV) の段階で，新しく誕生した語幹 bert- に，1 人称単数 -ū，2 人称単数 -ī，3 人称単数ゼロという語尾がついた．最後に，(V) の段階で，1 人称単数語尾の -ū と 2 人称単数語尾の -ī が語幹に変化を与えた後に脱落し，古期アイルランド語の記録に実際に残っている -biurt と

-birt がつくられた.

　古期アイルランド語の t-過去という動詞カテゴリーの起源について，ここで示した歴史的な説明には，パラダイムの画一化というプロセスのなかで3人称の形式が果たしている役割の重要性がその根底にある．動詞パラダイムのなかの3人称の独自の位置を考慮にいれないかぎり，この問題の解明は実質的に不可能といってよいだろう．

第3節　残存形式

　これまでみてきた類推というプロセスの2つの代表的なタイプ，すなわち，①比例式による類推と，②パラダイムの画一化の議論では，比例式によって新しくつくられた形式とパラダイムの内部に広がった形式に主な注目点が置かれ，類推によって駆逐された本来の形式は問題とされなかった．たいていの場合，このような本来の形式は，類推による2次的な形式に完全にとって代わられ，その言語から姿を消してしまうことが多い．しかし，まったく失われてしまうのではなく，本来の機能をいくぶん変えながらも，なお存続している場合がある．このような形式を残存形式（relic form）とよぶことができる．この残存形式は，その言語の古い形式的特徴を保存している点で，言語の歴史的研究にとってきわめて貴重なものと考えられる．

　たとえば，現代英語には molten「溶けた」，sodden「（水などに）つかった」といった形容詞がある．これらは本来，

それぞれ melt「溶ける,溶かす」, seethe「煮る,煮立つ」という動詞の過去分詞としての機能を果たしていた. つまり, この動詞はもともとは母音交替を行なう強変化動詞に属していたのである. ところが, 規則的な活用のパターンを示す love などの弱変化動詞からの類推の影響を受け, 新しい過去分詞 melted と seethed がつくられた.

love：loved＝melt：X_1＝seethe：X_2
X_1＝melted
X_2＝seethed

しかし, この比例式による類推の作用によって駆逐された molten, sodden は, その機能を過去分詞から形容詞に変えたうえで, なお現代英語のなかに存在している.

残存形式はパラダイムの画一化のプロセスにおいても観察される. つぎに示すのは, ラテン語の第1活用動詞に属する amāre「愛する（不定詞）」の現在形のパラダイムである.

ラテン語　　不定詞　amā́re
　　　　　　単数1人称　ámō　　　複数1人称　amā́mus
　　　　　　　　2人称　ámās　　　　　2人称　amā́tis
　　　　　　　　3人称　ámat　　　　　3人称　ámant
　　　　　　現在分詞（単数対格）　amā́ntem

このパラダイムでは, 3人称の -t, -nt という語尾の前で語幹の amā- の ā が短くなる点, および, 1人称単数で語幹末尾の ā と語尾の ō が融合して ō になっている点をのぞく

第4章 類推　151

と，語幹の形が一定している．アクセントは，最後から2番目の音節（paenultima）あるいは最後から3番目の音節（antepaenultima）に置かれ，3音節以上の語で最後から3番目の音節にアクセントが落ちるためには最後から2番目の音節は短くないといけない，というラテン語の記述的な規則にしたがっている．

ところが，ラテン語から12世紀頃の古フランス語に移る段階で，アクセントの落ちる開音節中のaは，鼻音の前でaiになるというつぎの規則がはたらいた．

á ⟶ ai/___.N
（Nは鼻音一般を指し，「.」は音節の切れ目を表わす）

この規則が適用された結果，単数形と3人称複数形のアクセントの落ちる語幹のaはaiになり，古フランス語では，うえのラテン語に対応する動詞パラダイムはつぎのように変化した．

古フランス語　不定詞 amer
　　　　　　　単数1人称 aim　　複数1人称 amons
　　　　　　　　　　2人称 aimes　　2人称 amez
　　　　　　　　　　3人称 aime　　3人称 aiment
　　　　　　　現在分詞 amant

この古フランス語のパラダイムでは，aim-〜am- という語幹の異形態が生じている．さらに，現代フランス語では，このパラダイムはつぎのように変化している．

現代フランス語　不定詞 aimer
　　　　　　　単数1人称 aime　　複数1人称 aimons
　　　　　　　　　　2人称 aimes　　　2人称 aimez
　　　　　　　　　　3人称 aime　　　　3人称 aiment
　　　　　　　現在分詞 aimant

古フランス語にみられた aim-〜am- という異形態はもはや存在せず，パラダイムの画一化によって，aim- という語幹が複数の1人称と2人称，および，不定詞と現在分詞にも広がっている．

　ところが，この場合も，パラダイムの画一化によって駆逐された本来の形式が残存形式として存続している．それは，いまでは名詞として用いられている amant「愛人」である．この語は，形式的には古フランス語の現在分詞を継承しているが，aimant にとって代わられたために，その現在分詞としての機能を捨てて，名詞として使われるようになった．

　比例式による類推にせよ，パラダイムの画一化にせよ，新たにつくられる規則的な形式は本来の形式を駆逐する．その場合，古い形式はその言語からまったく消失してしまうのではなく，機能は新しい形式にゆずるけれども，多少違った機能を担ってその言語のなかに存続していくことがある．うえで示した現代英語の molten や sodden，現代フランス語の amant がその代表的な例である．このような残存形式の認定は，分析の対象としている言語の古い状態を知るうえで，重要な役割を果たす．

第4節　クリウォーヴィッチの類推の法則

本章の第1節で,音法則が例外なく適用されるのとは異なり,類推には規則性があるとはいいがたいと述べた.つまり,どのような場合に類推が作用するかは,基本的に予測不可能と考えてよいだろう.この節であつかうのは,類推がいつ生じるかという問題ではなく,類推が生じる場合,それがどのような方向にはたらくかという問題である.この問題に関しては,クリウォーヴィッチが「類推の6つの法則」を提案し,独自の見解を展開している.ここでは,彼の類推の6つの法則を順に紹介し,その妥当性を検討してみよう.

(I)　第1の法則:特定の文法機能を二重に表示する形式は,一重にしか表示しない形式にとって代わる傾向がある.

この第1の法則を支持する例としてあげられているのは,ドイツ語における名詞の複数形を表示する方法である.古高地ドイツ語では,古英語と同様,名詞の複数形の形成法はさまざまだったが,そのなかで,つぎに示すように,-iと-aという接尾辞を用いる方法があった(古高地ドイツ語では,現代ドイツ語の場合とは異なり,名詞でも初頭音は小文字でつづられていた).

	i-クラス	a-クラス
単数	gast「客」	topf「鍋」
複数	gest-i	topf-a

i-クラスの複数形として示したgest-iの語幹の母音eはi-ウムラウトによるものだが、それを表わす文字としてäが定着したのはかなり後のことである。さらに、古高地ドイツ語の終わりの時期に、語末のストレスの落ちない音節にふくまれる母音iとaはe [ə]になるという変化が生じた。この結果、うえの単数形と複数形に対応する現代ドイツ語の形式としては、つぎの形式が予測される。

単数	Gast「客」	Topf「鍋」
複数	Gäst-e	Topf-e

ところが、実際の現代ドイツ語の「鍋」の複数形は、うえに示したTopf-eではなく、Töpf-eである。これは、音法則によって予想されるTopf-eがGäst-eからの類推によってTöpf-eになったと説明できるが、類推がはたらく方向としては、逆にGäst-eがTopf-eの影響を受けGast-eになることも十分に考えられる。しかし、実際に起こった類推による変化はGäst-e→Gast-eではなく、Topf-e→Töpf-eだった。

クリウォーヴィチは、この例をつぎのように説明する。Gäst-eは2つの方法で、つまり-eという接辞とウムラウトによって、複数形であることが表示されている。それに対し

第4章 類推

て，音法則で予想される Topf-e は，何によって複数形であることが表示されているかというと，それは -e という接辞だけによっている．したがって，うえに示した類推の第1の法則によって，複数形であることを二重に表示している Gäst-e から，一重にしか表示していない Topf-e のほうに類推が広がったのである．

とはいえ，類推の第1の法則には明らかな例外が数多くある．たとえば，現代英語の形容詞 old に対する比較級 older は，類推によって歴史的に古い elder にとって代わった形式である．ところが，older が比較級であることは接辞 -er で表示されているだけであるのに，本来の elder のほうは，対応する現代ドイツ語の原級 alt と比較級 älter からも明らかなように，接辞 -er とウムラウトによって二重に表示されている．すなわち，この場合は，類推によって，二重に表示されている形式のかわりに，一重にしか表示されていない形式のほうが一般化しているのである．このような例から，類推の第1の法則は，クリウォーヴィッチが「法則」として述べているにもかかわらず，例外のないものではけっしてなく，類推が広がる際の一般的な傾向といった程度のものと受けとれる．

(II) 第2の法則：類推は基本形から派生形へ広がる．

この章の第1節でみた比例式による類推は，一般に A：B ＝C：X という形でとらえられた．この比例式において，A

あるいはCの位置を占めるのが基本形（formes de fondation）で，BあるいはXの位置を占めるのが派生形（formes fondées）であると考えることができる．ところが，類推の第2の法則が客観性をもつ法則としてはたらくためには，どのような文法カテゴリーが基本形であり，また派生形であるかを，はじめに決定しておかなければならない．たとえば，すでにみた stone：stones＝cow：X，X＝cows という比例式では，単数形が基本形で，複数形が派生形である．同じく，love：loved＝help：X，X＝helped という比例式では，現在形が基本形で，過去形が派生形である．このようにして，代表的な文法カテゴリーについて，基本形と派生形の関係を示すとつぎのようになる．

	《基本形》	《派生形》
数	単数	複数，双数，など
格	主格	属格，与格，など
時制	現在	未来，過去，など
法	直説法	接続法，希求法，など

この第2の法則は一般性の高いものだが，それでも明らかにこれに反する例がある．そのもっとも重大な反例は，逆形成（back formation）という現象にみられる．逆形成とは，派生的な形式からより基本的な形式がつくられることをいう．たとえば，英語の orator「演説者」や editor「編集者」という名詞は，もともとは対応する動詞をもっていなかったが，他の動作主を表わす名詞である reader や singer な

どの類推にもとづいて,基本形である動詞を2次的につくりだした.

  reader：read＝orator：X_1＝editor：X_2
  X_1＝orate
  X_2＝edit

また,同じく英語の pea「えんどう豆」という名詞の単数形も,逆形成によって2次的につくられた単数形である.中英語の時期には,単数形として pese が,複数形として pesen や peses があったが,単数形の s の要素が複数形を表わす語尾と解釈された結果,新たな単数形 pea がうまれたのである.

このような逆形成によってつくられた例は,類推によってつくられるのは派生形にかぎられているわけではなく,基本形と派生形との形式的な関係が明瞭である場合には,基本形も類推によってつくられることがあることを示している.

  (III) 第3の法則：主要な要素とそれに従属する要素からなる構造は,主要な要素のみからなり,同じ機能をもつ構造に対するモデルになる.

類推の第3の法則の意味するところを正確に理解することは困難だが,つぎのような例が該当すると考えられる.たとえば,現代英語の副詞の多くは形容詞に -ly がついた構造をもっている.ところが,fast のように -ly のない副詞もあ

る.この場合,主要な要素と従属する要素からなる前者のタイプがモデルとなって,主要な要素のみからなる後者のタイプを類推によって改変するのである.具体的な例をあげると,slowly という副詞は,wrong:wrongly=slow:X というような比例式によって,2次的につくられている.

第3の法則を例証するひとつの例としてクリウォーヴィッチがあげているのは,古フランス語から現代フランス語のあいだの時期に生じた動詞のパラダイムのなかの類推変化である.

	2人称単数	1人称複数
古フランス語	lieves「上げる」	levons
現代フランス語	lèves	levons

1人称複数の levons は,主要な要素である動詞語幹と従属する要素である -ons からなっている.他方,古フランス語の2人称単数 lieves からの音変化の結果として予想される [lyεv] は,levons と同じく人称形だが,明確な語尾を欠く点で主要な要素のみからなっているといえる.したがって,主要な要素と従属する要素からなる levons をモデルとして,[lyεv] は lèves [lεv] にとって代わられるようになった.

ところが,このフランス語の例については,類推の第3の法則は第2の法則とのあいだに矛盾を引き起こす.つまり,この場合,類推は派生形である複数形から,基本形である単数形の方にはたらいているが,これは第2の法則で述

第4章 類推

べられているのとは逆の方向なのである．

　また，この章の第2節のパラダイムの画一化に関する説明で示したように，「凍る」を意味する古英語の3人称単数過去は frēas, 3人称複数過去は fruron だった．このうち，後者は主要な要素である語幹と従属する要素の語尾 -on からなっているが，前者は語幹のみからなり，語尾を欠いている．したがって，類推の第3の法則にしたがえば，3人称複数形のほうが3人称単数形に影響をおよぼすことになるが，実際には類推の方向は逆であり，単数形の語幹末の s が複数形に広がっている（現代英語の froze を参照）．ただし，現代ドイツ語では，3人称単数過去 fror, 3人称複数過去 froren というように，類推の第3の法則が予測するとおりになっている．この例のように，本来，同じ形態音素的交替を示していた同源の形式が，2つの言語において異なる方向への類推変化をこうむっているという事実は，類推の方向性を定式化することのむずかしさを物語っている．

(IV)　第4の法則：類推によって新しい形式がつくられた場合，その形式は基本的な機能を継承する．古い形式も存続する場合，それは2次的な機能を果たすようになる．

　この法則は，前節であつかった残存形式に関する説明と関連している．すでにみたように，比例式による類推であれ，パラダイムの画一化であれ，新しくつくられた形式は，その

語のもっている基本的な機能をひきつぐが,類推によって駆逐された古い形式が残存形式として残っているときには,それは本来の機能から離れ,2次的な機能にかぎられる.たとえば,英語やフランス語には,(すでにみた例もふくめて)以下のような例がある.

《類推による新しい形式》　《残存形式》
melted（過去分詞）　　　molten（形容詞）
seethed（過去分詞）　　　sodden（形容詞）
brothers（複数形）　　　 brethren（「信者仲間」）
older（比較級）　　　　　elder（「年上の」）
aimant（現在分詞）　　　 amant（「愛人」）

残存形式として示したmolten, soddenは,それぞれmelt, seethe の過去分詞としてではなく,形容詞としての2次的な役割を果たしている.また,brethren と elder も,brother の複数形や old の比較級ではなく,かぎられた意味を表わすようになっている.フランス語の amant も aimer の現在分詞ではなく,名詞として違った意味で使われるようになっている.いずれの場合も,基本的な意味,機能を担うようになったのは類推による新しい形式であり,残存形式は本来の意味,機能を失い,周辺的な役割だけを果たしている.

クリウォーヴィッチが提案した6つの法則のなかでも,この第4の法則はもっとも説得力があるものと考えられる.

(Ⅴ)　第5の法則:言語は,中心的な文法的対立をはっき

りさせるために，周辺的な対立を捨てさる．

この法則を裏づける例として，以下のラテン語と，それからの音変化によって予想されるスペイン語の例をみてほしい．

	ラテン語	スペイン語
単数主格	clāvis「鍵」	llaves
単数対格	clāvem	llave
複数主格	clāvēs	llaves
複数対格	clāvēs	llaves

この表から，ラテン語では区別されていた単数主格と複数主格が，スペイン語では音変化によって融合したことがわかる．その結果，スペイン語では，単数に関していえば，-s は主格と対格を区別するのに用いられ，対格に関していえば，-s は単数と複数を区別するのに用いられている．つまり，-s は格を区別する機能と数を区別する機能を，同時に果たしていることになる．この -s の機能の負担の大きさは，逆の観点からいうと，複数については格の違いを示すことができず，また主格については数の違いを示すことができないことを意味している．そこで，主格と対格という格の対立と単数と複数という数の対立のうち，どちらがスペイン語において重要であるかが問題となる．

スペイン語は，他のロマンス諸語と同様に，一般に SVO（主語−動詞−目的語）が無標の語順であり，主格と対格（目的格）の区別は語順によって示される．したがって，主格と

目的格の格の区別は、形態素ではなく、語順によって表わすことが可能である。したがって、スペイン語では -s という形態素は数の対立を明示的に示すのに重要であり、格の対立にはそれほど重要でないと考えられるようになった。その結果、新しい単数主格の llave が、つぎの類推の比例式によってつくられた。

llaves（複数対格）：llaves（複数主格）
= llave（単数対格）：X（単数主格）
X = llave

ところが、この類推の比例式をみると、派生形である複数形から基本形である単数形が2次的につくられていることに気づく。これは、うえで述べた類推の第2の法則に違反していることになる。したがって、類推が作用する方向は、それぞれの独立した法則に厳密にしたがうという観点からだけでは、十分にとらえられないことがこの例からもうかがえる。

(VI) 第6の法則：類推の比例式の第1項と第2項は、異質の言語共同体の言葉に属しうる。一方は模倣される言葉（標準語、社会的に威信のある言葉、など）であり、他方は模倣する言葉（方言、社会的に威信のない言葉、など）でありうる。

この法則はこれまでの5つとは異なり、社会言語学的な

立場も考慮にいれたものである．つまり，類推が起こるのは特定の言語共同体の共通言語にかぎられているわけではなく，方言間や違った社会的階層に属する言葉どうしのあいだで起こる場合もある．これによって，過剰修正（hypercorrection）という現象も容易に理解できる．たとえば日本語の方言の話者が，「デーコン（大根）」：「ダイコン」＝「ヘータイ（兵隊）」：X という比例式から，X＝「ハイタイ」などと直しすぎてしまう現象である．

以上，クリウォーヴィッチの類推の6つの法則に検討を加えてきた．クリウォーヴィッチは，類推を雨に，そして類推がはたらく方向を排水路にたとえて，「雨がいつ降るかは予測することはできない．しかし，いったん雨が降れば，水が排水路を流れていく方向はわかる」といっている．すなわち，類推がいつ生じるかは予測できないが，もし生じた場合には類推の法則で示された方向にしたがうというのである．

しかしながら，彼の類推の6つの法則には，厳密な意味では法則とよべないようなものもふくまれている．また，すでにみたように，容易に例外を指摘できるものや，法則どうしのあいだで矛盾が生じる例もある．したがって，クリウォーヴィッチの類推の法則は，けっして例外を許さないような性格のものではなく，類推がはたらく際の一般的な傾向というぐらいに理解したほうがよいだろう．その妥当性については疑問がないわけではないが，クリウォーヴィッチが示した見解は，とらえがたい性質をもつ類推というプロセスに対し

て制約を与えた点で重要であり，類推の方向性に関する研究の出発点になるという意味で意義深いものであるといえるだろう．

第5節　類推と内的再建法

　印欧祖語の時期には，名詞も動詞も，母音交替を行なうタイプと行なわないタイプの2つが存在していた．母音交替を行なわないタイプには，語尾の直前に *-e- あるいは *-o- という語幹形成母音がさしはさまれている．この語幹形成母音 *-e/o- の挿入によって語幹は一定の形式になるため，母音交替を行なわない規則的なタイプは，分派諸言語のなかで生産的なタイプとして広がっている．一方，母音交替を行なうタイプは歴史的により古く，本来の母音交替のパターンが分派諸言語でそのままの形で保存されていることはきわめて稀であり，多くの点で変容を受けている．

　印欧語の名詞は，一般に次ページの図のように分類することができる（動詞についても，基本的に同じである）．

　母音交替を行なう名詞のうち，語根名詞とは語根（root）に直接に語尾（ending）がつくタイプであり，接尾辞をもつ名詞とは語根と語尾とのあいだに接尾辞（suffix）が入るタイプである（ただし，*-e/o-, *-ske/o-, *-ye/o- といった *e/o で終わる接辞をもつ名詞は，母音交替を行なわない）．語幹（stem）とは語尾より前の部分であり，語根名詞では語幹は語根であり，接尾辞をもつ名詞では語幹は語根と接尾

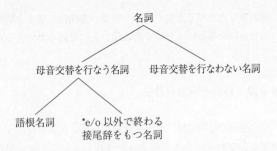

辞からなる．つぎに示すのは，一般的な名詞の構造である（動詞についても，やはり同様である）．

母音交替によって，パラダイムのなかに強語幹と弱語幹という2種類の語幹が現われる．名詞の場合，強語幹は主格，対格，呼格（そして単数位格）に現われ，パラダイムのその他の位置には弱語幹が現われる．一般に，強語幹の代表として単数主格，弱語幹の代表として単数属格が用いられる．

この節では，本章でこれまでみてきた類推（特に，パラダイムの画一化）の理論と内的再建法を適用することによって，印欧祖語に存在していたと推定される名詞の母音交替のパターンの再建をこころみてみよう．印欧語の名詞の母音交

替については,研究が十分に進んでいるとはいえず,不明な点が数多く残っている.研究の進展を阻んでいる最大の理由は,すでに述べたように,祖語にかつて存在していた母音交替の強語幹と弱語幹が,特定の言語の記録のなかにそのまま保持されていることは非常に稀で,多くの場合は,その言語の内部で類推による2次的な形態的影響を受けているという点にある.この点が,母音交替の本来のパターンを再建するうえでの大きな障害となっている.したがって,ここでは,再建される母音交替のパターンそのものの妥当性よりも,むしろ分析の手順に注目してほしい.

たとえば,「火」を意味する単数主格のつぎの対応をみてほしい.

サンスクリット語　agniḥ
ラテン語　　　　　ignis<*egnis
古教会スラブ語　　ognъ<*ognis

青年文法学派の学者は,この対応にもとづいて,印欧祖語に *egnis と *ognis という2つの形式を再建した.これは,語根の母音に関して,サンスクリット語では *e と *o が a に融合したため *e か *o かを決定できないが,ラテン語は *e,古教会スラブ語は *o と,別個の母音を示しているという事情によるものと判断される.つまり,祖語に2つの形式 *egnis と *ognis をたて,ラテン語の ignis は前者を,古教会スラブ語の ognъ は後者を継承したと考えたわけである.ところが,この解釈では「火」という基本語彙について

さえ，祖語に2つの形式があったというような印象を与えるし，またかりにそうではないとしても，*egnis と *ognis の関係については何ら納得のいく説明がなされていない．

この *egnis と *ognis といった例に代表される2つの形式の関係については，つぎのように考えるのが妥当だろう．母音交替に特徴的な現象は，パラダイムの内部における強語幹と弱語幹の交替である．「火」を意味する語についても，サンスクリット語，ラテン語，古教会スラブ語のいずれも，それぞれの言語の内部で語根の母音は一定になっているけれども，本来は母音交替を示していた．そして，パラダイムの内部の強語幹と弱語幹のいずれかに対応するのが，うえの *egni- と *ogni- だった．後にラテン語は *egni- を，古教会スラブ語は *ogni- を一般化しているが，本来は *egni-〜*ogni-（あるいは，*ogni-〜*egni-）という母音の交替によって特徴づけられていた．このように考えないと，非常に多くの基本語彙に対して2つの形式的に類似した語を再建する結果になってしまう．

ひとつのパラダイムの内部で *egni- と *ogni- という2つの語幹が交替していたというこの見方は，おそらく一般に支持されるだろうが，つぎの大きな問題は，*egni- と *ogni- のどちらが本来の強語幹で，どちらが本来の弱語幹であったかである．*egni- も *ogni- もともに祖形として再建されたものである以上，この問題の解明に比較方法は利用できない．したがって，祖語の内部のより以前の状態を再建するためには，内的再建法に頼らざるをえない．印欧祖語の名詞の

母音交替のパターンを再建するという目標に対して,ここで用いる方法はつぎのようなものである.

1) 記録に直接残されている母音交替のパターンにもとづく再建
2) 他の名詞語幹で独自に確立することのできる母音交替のパターンとの比較による内的再建
3) 印欧語のアクセントと母音交替のあいだの関係を支配する一般原理にもとづく内的再建

まず,語根名詞の母音交替の分析からはじめよう.

	サンスクリット語	ギリシア語
単数主格	dyaúḥ「天」	Zeús
単数属格	diváḥ	Di(w)ós

このサンスクリット語とギリシア語の例は,強語幹である単数主格がアクセントの落ちる語根によって,また弱語幹である単数属格がアクセントの落ちる語尾によって特徴づけられている点で,まったく規則的に対応する.したがって,この例は以下に示されている祖語の母音交替のパターンを2つの言語が忠実に継承している例と考えられる.

| 単数主格 | *dyḗu-s |
| 単数属格 | *diw-és |

アクセントが落ちない場合は,語根であれ,語尾であれ,母

音が脱落している．これはアクセントが落ちない母音は弱められるという母音交替の一般的な特性にしたがうものである．また，ラテン語やゲルマン語の根拠にもとづいてたてられる属格語尾の -és は，ギリシア語では -ós にとって代わられているが，これはギリシア語の属格語尾として -os が一般化されているという事情による．サンスクリット語の単数主格の語根の母音は長いが，これは単数主格に長母音をもつ他の名詞からの影響を祖語の時期に受けたものと考えられる．

このような母音交替を行なう語根名詞は，古くから知られており，アントワーヌ・メイエは，一般に母音交替は語尾と語尾の直前の要素とのあいだ（語根名詞では語根と語尾のあいだ，接尾辞をもつ名詞では接尾辞と語尾のあいだ）に起こると考えていた．ところが，つぎの例はメイエの考えでは説明できない．

	サンスクリット語	ギリシア語 （ドーリア方言）	ラテン語
単数主格	pát「足」	pós	pēs
単数属格	padáḥ	podós	pedis

この例は，うえであげたサンスクリット語 agniḥ，ラテン語 ignis（<*egnis），古教会スラブ語 ognъ（<*ognis）の例に観察されたのと同じ問題を投げかけている．すなわち，語根の母音について，サンスクリット語は不明だが，ギリシア語は o，ラテン語は e をパラダイムのなかで一般化しているのである．この事実は，母音交替によって生じた *péd- と

*pód- という2つの語幹が，祖語の時期のパラダイムにあって，後の歴史のなかでラテン語は前者を，ギリシア語は後者を一般化したと考えないかぎり，理解できない．もしこの見方が正しいならば，この語の母音交替のパターンの可能性としては，つぎの2つが考えられる．

　単数主格　*péd-s　　単数主格　*pód-s
　単数属格　*pód-s　　単数属格　*péd-s

この2つの再建のうちどちらが正しいにしろ，いずれもアクセントは常に語根に落ちるという点で，メイエの考え方では説明することができない新しい母音交替のパターンを示している．単数属格は，語尾にアクセントが落ちないために，母音のない *-s が再建される．したがって，語尾に母音をもつサンスクリット語の -aḥ, ギリシア語の -os, ラテン語の -is (<*-es) は，うえの「天」を表わす語のタイプの母音交替をする語根名詞からの影響を受けたものと考えることができる．

　それでは，うえの再建の2つの可能性のうち，どちらの妥当性が高いのだろうか．それを決定するには，分析の対象を語根名詞だけに限定していては不可能のように思える．他のタイプの名詞にも視野を広げて，並行的な母音交替を示す例をデータから直接引き出す必要がある．ここで，この問題について非常に重要な鍵となる例がある．それは，ヒッタイト語の「水」を意味する語の単数の主格と属格である．

単数主格　wa-a-tar
単数属格　ú-i-te-na-aš

この語はいわゆる r/n 語幹に属し，強語幹が r をもつ接尾辞によって，弱語幹が n をもつ接尾辞によって特徴づけられている．この例にみられる語根の wat- と wit- の交替は，ヒッタイト語における改新とは考えられず，古い特徴を反映していると受けとってよい．ただ，ヒッタイト語では一般にアクセントの落ちない母音 e は i とつづられるので，単数属格については，2次的にアクセントが接尾辞に移ったと考えられる（´-n̥- ⟶ -én-）．しかし，語根が母音 i を残しているために，起源的には弱語幹はアクセントの落ちる e をふくむ語根をもっていたと推定できる．したがって，うえのヒッタイト語の「水」という語は，つぎの祖形にさかのぼると考えられる．

単数主格　*wód-r̥
単数属格　*wéd-n̥-s

印欧祖語の *o はヒッタイト語では a になり，また，r̥ は ar として現われる．

うえの分析によって，祖語の時期に，強語幹においてアクセントの落ちる ó を語根にもち，弱語幹においてアクセントの落ちる é を語根にもつような母音交替のパターンがあることがわかった．語根名詞についても，この接尾辞をもつ名詞について明らかになった母音交替のパターンと統一的に

理解しようとするなら，うえで示した母音交替の2つの可能性のうち，

　単数主格　*pód-s
　単数属格　*péd-s

が妥当であることがわかる．ちなみに，この「足」を意味する語は語根名詞だが，ゲルマン語では接尾辞 -u- をもつ u 語幹名詞としてあつかわれている．たとえば，ゴート語では，単数主格 fotus, 単数属格 fotaus のように屈折する．これは，単数対格の *pód-m̥ がゲルマン祖語で *fōt-um になったときに（母音的ソナントの m̥ は，ゲルマン語では um になる），本来の *fōt-um が再解釈され，語幹が *fōtu-, 語尾が -m というように分節された結果，新しい語幹 *fōtu- がパラダイムの全体に広がったことによるものと考えられる．パラダイムの画一化という現象の影響はけっして小さいものではなく，名詞が属する語幹のタイプの変更すら生じることがみられるのである．

　以上の検討から，語根名詞の母音交替には，祖語の時期につぎの2つのパターンがあったことが明らかになった．

強語幹：語根（é）　—　語尾（ゼロ）
弱語幹：語根（ゼロ）　—　語尾（é）

強語幹：語根（ó）　—　語尾（ゼロ）
弱語幹：語根（é）　—　語尾（ゼロ）

つぎに，接尾辞をもつ名詞の母音交替の分析に移る．すでにうえで，「水」を表わす語の単数は，アクセントが語根に固定しているタイプ（acrostatic type）の母音交替を示すことをみた．

強語幹：語根 (ó) ― 接尾辞（ゼロ）― 語尾（ゼロ）
弱語幹：語根 (é) ― 接尾辞（ゼロ）― 語尾（ゼロ）

語根名詞の母音交替に2つのパターンがあったのと同様に，アクセントが語根に固定しているタイプにおいても，これ以外にもうひとつの母音交替のパターンがあったと推定できる．その裏づけとなるのは，つぎのような例である．

	サンスクリット語	ギリシア語	ラテン語
単数主格	yákr̥t「肝臓」	hépar	iecur
単数属格	yaknáḥ	hépatos	iecinoris

この対応では，語根に，ギリシア語ではアクセントの落ちる長いéが，ラテン語では短いeが現われている．サンスクリット語のaは，祖語の *e と *o にさかのぼる可能性があるが，ここではラテン語と同じく *e を示していると考えてさしつかえない．どの言語でも，パラダイムの内部で長い *ḗ か，短い *é のいずれかが一般化されているが，この場合も，起源的には母音交替によって同一のパラダイムのなかでēとéが交替していたと考えられる．

ḗ～é という母音交替の具体例は，動詞に観察される．以下はサンスクリット語の stu-「讃える」という語根から導か

れる形式である．

　3人称単数能動態現在形　stáuti＜*stéu-ti
　3人称単数中動態現在形　stáve＜*stéu-oi

動詞においては，直説法能動態単数が強語幹，他が弱語幹であるので，うえの例では強語幹が *stéu-，弱語幹が *stéu- であることがわかる．この動詞の母音交替と並行的に考えるならば，「肝臓」を表わす名詞は祖語の段階でつぎのような母音交替をしていたと推定できる．

　単数主格　*yék??-r̥
　単数属格　*yék??-n̥-s

サンスクリット語の単数属格 yaknáḥ では，後でみる，語尾にアクセントが落ちるタイプの母音交替を行なう名詞からの類推がはたらいている．ギリシア語の単数属格 hépatos は，母音的な *n̥ の後に調音点の同じ t が添加された *hépn̥(t)os にさかのぼる（*n̥ は，ギリシア語では a で現われる）．ラテン語の iecinoris は，強語幹に特有の接尾辞の r が弱語幹にも広がっており，混交を示している．

　以上の分析をまとめると，アクセントが語根に固定している2つめのタイプ（acrostatic type）の母音交替のパターンは，つぎのとおりである．

　強語幹：語根（é）― 接尾辞（ゼロ）― 語尾（ゼロ）
　弱語幹：語根（é）― 接尾辞（ゼロ）― 語尾（ゼロ）

接尾辞をもつ名詞には，少なくともさらに3つの母音交替のパターンが祖語の時期に存在していたと考えられる．そのひとつを，以下の「名前」を意味する語の例から引き出すことができる．

	サンスクリット語	ギリシア語	ラテン語	古期アイルランド語
単数主格	náma	ónoma	nōmen	ainm [an'm']
単数属格	nā́mnaḥ	onómatos	nōminis	anmae [anme]

この対応のうち，ギリシア語の語頭のoは，ドーリア方言のenymaを参考にするなら，本来であればeで現われるところが，後続のoから逆行同化を受けたものと考えられる（ónoma←*énoma, onómatos←*enómṇ(t)os）．また，古期アイルランド語の形式は語末音節の脱落が生じる前は，*anmen(>ainm), *anmens(>anmae) だった．うえの対応において，ギリシア語の o(<*e) と，サンスクリット語とラテン語の語根の長母音を2次的なものではないと考えるならば，つぎの祖形を再建できる．

単数主格　*h₁néh₃-mṇ
単数属格　*h₁nh₃-mén-s

これは，アクセントが語根と接尾辞のあいだを移動するタイプ（proterokinetic type）の母音交替を示している．この祖語の母音交替のパターンは，どの言語においてもそのままの姿では残されていない．喉音（laryngeal）はうえのすべての言語で消失する．ただし，単数主格では，h₃ は先行する

母音 e の音色を o に変え,それを ō に延長したうえで消失する.また,母音に隣接していない場合,h₁ と h₃ はギリシア語で,それぞれ母音化して e, o になる(第 2 章第 3 節の 67 ページを参照).うえの再建された祖語の状態から,サンスクリット語とラテン語はそれぞれの先史において強語幹の形式(*h₁néh₃-mn̥->*nōmn̥-)を,古期アイルランド語は弱語幹の形式(*h₁nh₃-mén->*n̥mén-)をパラダイムの内部で一般化していることがわかる.ただし,サンスクリット語とラテン語の単数属格の語尾は,他のタイプの母音交替をする名詞から 2 次的な影響を受けている.一方,ギリシア語では,語根にも接尾辞にも母音のない形式(*h₁nh₃-mn̥->*enoma-)がパラダイムのなかで画一化されている.ここで示された,アクセントが語根と接尾辞のあいだを移動するタイプ(proterokinetic type)の母音交替のパターンは,つぎのとおりである.

強語幹:語根 (é)   — 接尾辞 (ゼロ) — 語尾 (ゼロ)
弱語幹:語根 (ゼロ) — 接尾辞 (é)   — 語尾 (ゼロ)

うえで述べたように,メイエは語幹と語尾の直前の要素とのあいだに起こる母音交替が一般的であると考えていた.この見方によると,接尾辞をもつ名詞の場合には,母音交替において接尾辞と語尾とのあいだをアクセントが移動するのが通常ということになる.このタイプ(hysterokinetic type)は,古くからよく知られており,たとえば,「父」を表わす名詞がこれに属する.

	サンスクリット語	ギリシア語	ラテン語	アルメニア語
単数主格	pitá「父」	patér	pater	hayr
単数属格	pitúḥ	patrós	patris	hawr

この対応にもとづいて,「父」はつぎのような母音交替を祖語の時期に行なっていたと推定される.

単数主格　*ph₂-tér
単数属格　*ph₂-tr-és

h₂ は,母音化する場合,サンスクリット語では i で,他の言語では a で現われる.うえの祖形は,ギリシア語とラテン語にほとんどそのままの形で保持されている.サンスクリット語の単数属格 pitúḥ は *pi-tr̥-s にさかのぼり,語尾の母音が2次的に失われていることがわかる.アルメニア語の単数属格 hawr の wr は *tr という子音連続にさかのぼるので,接尾辞が母音をもたない本来の形を示している.また,単数主格の hayr は接尾辞に母音をふくむ祖形 *ph₂tér から規則的に導かれる (*ph₂tér＞*hatʼir＞*haθir＞*hayir＞hayr).

以上みてきたことから,この語は本来,アクセントが接尾辞と語尾のあいだを移動する,以下のパターンを示していたと考えられる.

強語幹：語根（ゼロ）— 接尾辞 (é)　— 語尾（ゼロ）
弱語幹：語根（ゼロ）— 接尾辞（ゼロ）— 語尾 (é)

接尾辞をもつ名詞にみられる母音交替の最後のタイプは,

つぎの例にみられる．

	サンスクリット語	アヴェスタ
単数主格	pánthāḥ「道」	pantå（<*pantās）
単数属格	patháḥ	paθō（<*pathas）

単数属格に注目すると，単数主格にみられる n がサンスクリット語とアヴェスタの両言語では欠けているので，単数属格の a は *n̥ にさかのぼることがわかる．また，アヴェスタにおいては，単数属格のみに θ（<*th<*th₂）がみられ，この θ は単数主格の t に対応するために，接尾辞が単数主格では *-Vh₂-（V は母音を表わすが，分析のこの段階では音色はまだ決定できない），単数属格では *-h₂- であったと考えられる．したがって，母音の音色を別にするなら，「道」を意味する語は，祖語の時期につぎのような母音交替をしていたと推定できる．

単数主格　*pV́nt-Vh₂-s
単数属格　*pn̥t-h₂-V́s

サンスクリット語では，アヴェスタにみられるように，本来は単数属格に固有であった th（<*th₂）が単数主格にも類推によって広がっている．うえに示された祖形から明らかなように，この語はアクセントが接尾辞を越えて語根と語尾のあいだを移動する母音交替を示している．母音の音色については，インド・イラン語派では，印欧祖語の *e, *o が *a に融合しているので，これだけのデータからでは不明である．

うえの例と同一の母音交替を行なっていたと考えられるのは，集合名詞である．集合名詞はもともと単数だったが，次第に中性複数としてパラダイムに組み込まれるようになった（もっとも，いくつかの言語では中性複数の主語が単数形の動詞をとることから，本来，単数であったことのなごりがうかがえる）．ヒッタイト語の「水」を意味する語の中性複数（＝集合名詞）の主格は，ú-i-da-a-ar とつづられている．この語の単数は，うえでみたように，主格 wa-a-tar（＜ *wód-r̥），属格 ú-i-te-na-aš（＜*wéd-n̥-s）というふうに，アクセントが語根に固定している母音交替を示していた．これに対して，複数主格の ú-i-da-a-ar は，アクセントが２次的に接尾辞に移っているが，もともとは語根がアクセントの落ちる母音 e を，接尾辞が母音 o をもっていたと推定できる（すでに述べたように，アクセントの落ちない母音 e は一般に i とつづられる）．したがって，複数主格は *wéd-ōr という形式にさかのぼると考えられる．

　「道」を表わす語の単数主格と「水」を表わす語の複数主格は，語根にアクセントがあるが，アクセントの落ちない接尾辞にも母音をもつという共通の特徴を示している．このことにもとづいて，両者は祖語の時期に同じ母音交替によって特徴づけられていたと考えるなら，「道」という語は以下のように再建される．

　単数主格　　*pént-oh$_2$-s
　単数属格　　*pn̥t-h$_2$-és

属格語尾の -és は，アクセントをもつ属格語尾の一般的な形式である．この語にみられる母音交替は，アクセントが接尾辞を越えて語根と語尾のあいだを移動するタイプ（amphikinetic type）で，つぎのパターンを示している．

強語幹：語根 (é) ― 接尾辞 (o) ― 語尾 (ゼロ)
弱語幹：語根 (ゼロ) ― 接尾辞 (ゼロ) ― 語尾 (é)

以上の分析から，印欧祖語の名詞の母音交替には少なくとも 7 つのパターンがあったと推定できる．それらをまとめると，以下のとおりである．

I. 語根名詞
  アクセントが語根と語尾のあいだを移動するパターン
  強語幹：語根 (é) ― 語尾 (ゼロ)
  弱語幹：語根 (ゼロ) ― 語尾 (é)

  アクセントが語根に固定しているパターン
  強語幹：語根 (ó) ― 語尾 (ゼロ)
  弱語幹：語根 (é) ― 語尾 (ゼロ)

II. 接尾辞をもつ名詞
  アクセントが語根に固定しているパターン (1)
  強語幹：語根 (ó) ― 接尾辞 (ゼロ) ― 語尾 (ゼロ)
  弱語幹：語根 (é) ― 接尾辞 (ゼロ) ― 語尾 (ゼロ)

  アクセントが語根に固定しているパターン (2)
  強語幹：語根 (é) ― 接尾辞 (ゼロ) ― 語尾 (ゼロ)
  弱語幹：語根 (é) ― 接尾辞 (ゼロ) ― 語尾 (ゼロ)

  アクセントが語根と接尾辞のあいだを移動するパターン

強語幹：語根（é）　—　接尾辞（ゼロ）　—　語尾（ゼロ）
弱語幹：語根（ゼロ）　—　接尾辞（é）　　—　語尾（ゼロ）

アクセントが接尾辞と語尾のあいだを移動するパターン
強語幹：語根（ゼロ）　—　接尾辞（é）　　—　語尾（ゼロ）
弱語幹：語根（ゼロ）　—　接尾辞（ゼロ）—　語尾（é）

アクセントが接尾辞を越えて語根と語尾のあいだを移動するパターン
強語幹：語根（é）　—　接尾辞（o）　　—　語尾（ゼロ）
弱語幹：語根（ゼロ）　—　接尾辞（ゼロ）—　語尾（é）

　以上のパターンのどれひとつをみても，そのままの姿がひとつの言語の内部に保持されていることはきわめて稀であり，多くの場合は，パラダイムの画一化によって，強語幹あるいは弱語幹のいずれかひとつが一般化されている．しかしながら，ここでこころみたように，内的再建法を援用することによって，うえの7つの母音交替のパターンの再建が可能になるのである．

第5章　生成文法から音変化をみる

　第2章と第3章でそれぞれみた比較方法と内的再建法では，言語の先史を知るために音変化規則を設定することが，重要な課題になっていた．この音変化という現象に対して，現実の話し手をもつ現代語を主な対象にして，人間の言語についての理解を飛躍的に深めた生成文法理論は，どのような新しい視点を与えてくれるのかを示し，あわせて，生成文法の立場からの音変化に対する提案について，具体的な問題の分析をとおしてその妥当性を検証しようというのが本章のねらいである．さらに，第4章でみた類推というプロセスが生成文法ではどのようにあつかわれているか，またその捉え方がはたして妥当なものかどうかという問題についてもみてみたい．

　音変化という歴史的な現象が生成文法ではどのように捉えられているかという問題にすすむ前に，生成文法理論の枠組みのなかで音韻部門が一般にどのように理解されているかについてまずみておこう．

第1節　生成音韻論とは

　アメリカ構造主義の音韻論では，特定の分節素が他の分節素と対立する位置に現われるのか，あるいは相補的な位置に現われるのかといった分布関係が，音素分析において重要な役割を果たし，このようにして認定された音素が構造の一部として規定された．これに対して，生成文法の立場から音変化の問題にアプローチした，キパルスキー（P. Kiparsky）に代表される学者たちが分析の基礎に置いた音韻論では，語を構成する形態素のそれぞれに固有の基底形を設定し，これらの形態素の連続からなる語の基底表示（underlying representation）に音韻規則（phonological rules）を適用することによって，音声表示（phonetic representation）が導かれると考えた．

　この生成音韻論の考え方には，もちろんそれをささえる経験的な根拠がある．どんな言語であれ，その言語の音声を注意深く観察してみると，2つの基本的に異なる音声的な特徴があることに気がつく．それは，各形態素に固有の特徴と，その言語に規則的にみられる体系的な特徴である．たとえば，英語のcab「タクシー」は [kʰæ·b] と発音されるが（「・」は，先行する母音がやや長いことを表わす），この発音では母音が [i] や [e] ではなく [æ] であることや，語末子音が [d] や [p] ではなく [b] であることは，各形態素に固有の音声特徴といえる．このような特徴は，英語を母語

とする人がたまたま cab という語を知らなかったなら，その人が英語に関してもっている言語能力をいくら駆使してもけっして予測することのできない情報であり，単に記憶に頼らざるをえない情報である．

これに対して，うえの例の [kʰæ·b] にふくまれている別の種類の特徴として，語頭の無声閉鎖音が帯気化していることと，有声子音の前で母音がやや長く発音されるということが観察される．この2つの特徴は「タクシー」という語にかぎられているわけではなく，英語では規則的に広く観察される特徴である．たとえば，以下の例をみてほしい．

cab [kʰæ·b]「タクシー」　　scab [skæ·b]「かさぶた」
pat [pʰæt]「軽く打つ」　　spat [spæt]「つばを吐いた」
tab [tʰæ·b]「付け札」　　　stab [stæ·b]「刺す」

cab [kʰæ·b]「タクシー」　　cap [kʰæp]「帽子」
bag [bæ·g]「かばん」　　　back [bæk]「背中」
pig [pʰi·g]「豚」　　　　　pick [pʰik]「つつく」
mad [mæ·d]「気の狂った」　mat [mæt]「マット」

これらの例に体系的にみられる2つの音声特徴は，さきにみた各形態素に固有の音声特徴とは本質的に異なるものであり，このふたつの特徴を区別することは言語学的に重要である．そして，この区別を行なうためには，各形態素に固有の特徴は辞書（lexicon）に記載されるべき情報であるのに対して，無声子音の帯気化と母音の長音化という一般的な特徴は規則によって体系的に引き出される情報であると考えなくてはならない．

このような2種類の音声特徴の区別を可能にするのは,上記のような枠組みの音韻部門である.

この枠組みでは,基底表示と音声表示という2つの表示のレベルが区別されている.語を派生するに際しては基底表示が出発点になるが,この基底表示には辞書に記載されている各形態素に固有の特徴がふくまれている.この基底表示に音韻規則が適用されることによって,その言語に一般的な体系性のある特徴が与えられ,音声表示が得られることになる.

うえの英語の例では,無声閉鎖音の帯気化と有声音の前の母音の長音化という2つの音韻規則が関与していた.この2つの規則は,以下のように定式化される(帯気化について,うえでは語頭の無声閉鎖音に適用されると述べたが,raccoon [rækʰúːn]「あらいぐま」のような例を考慮にいれると,音節境界の後の無声閉鎖音に適用されると考えられる.以下の音韻規則1の条件にふくまれている「.」は,音節境界を表わしている).

音韻規則1: $\begin{bmatrix} -継続性 \\ -有声性 \end{bmatrix} \longrightarrow [+帯気性] / .\_\_\_\acute{V}$

音韻規則2：　V ⟶ V·/___ C
　　　　　　　　　　　　［＋有声性］

　これらの音韻規則を用いて，うえの英語の例のうち，たとえば「タクシー」，「かさぶた」，「帽子」を意味する語の派生を示すと，つぎのようになる．

基底表示　　　/kæb/　　　/skæb/　　　/kæp/
音韻規則1　　kʰæb　　　 ――　　　　kʰæp
音韻規則2　　kʰæ·b　　　skæ·b　　　 ――
音声表示　　　[kʰæ·b]　　[skæ·b]　　 [kʰæp]

　たとえば「タクシー」を例にとると，基底表示の /kæb/ に音韻規則1が適用されると kʰæb が導かれ，つぎにこの kʰæb に音韻規則2が適用されると kʰæ·b が導かれ，最終的に音声表示の [kʰæ·b] が得られることになる．派生過程にふくまれている「――」は，問題の音韻規則がさきの段階の形式には適用されないことを意味する．また，この例では，適用される規則の順序に関して，音韻規則2が音韻規則1より前に適用されても結果は同じことになるが，規則の順序を厳密に決定しないと正しい音声表示が得られない場合が非常に多い．さらにまた，音声表示のどこにも現われない分節素を基底表示にたてることによって，はじめて納得のいく説明が与えられる言語現象も多い．このような抽象度の高い基底表示を設定することによって，実際に観察可能な音声表示しかあつかわなかった構造主義の音韻論では見のがされてい

第5章　生成文法から音変化をみる

た一般化が可能になるからである．

　私たちは日常，無限の数の語を口にしている．うえに示した文法の枠組みには，かぎられた数の音韻規則のセットと，それよりは多いけれども，有限であることには変わりのない形態素のセットがふくまれている．そしてこの枠組みをとりいれることによって，有限の情報源から無数の語を生成する簡潔な文法の構築が可能になるのである．

第2節　言語変化のメカニズム

　生成文法以前の言語研究では，幼児は自分の周囲で話されている言葉を耳にして，それを記憶することによって母語を習得すると考えられていた．しかしこの考え方にしたがうなら，幼児はすでに聞き，記憶している文以外は口にしないはずである．ところが，実際には，まったく新しい文を言い，また理解するわけであるから，この考え方は幼児の言語習得の問題に対して十分な説明力を与えているとはいいがたい．

　これに対して，前節でみた生成文法は，文法とは規則によって支配されているものと考えた．そして，言語習得では，幼児は耳にする語や文をすべて丸暗記するわけではなく，彼らが早い時期に習得するのは有限の数の規則であると考えた．さらに最近の考え方によると，普遍文法というものが人間には生得的に備わっていて，個別言語のあいだにみられる言語特徴の多様性は，言語習得の段階でパラメーターの値がどのように決定されるかによって引き出されるものであると推

定する.つまり,生得的な普遍文法と幼児が耳にする個別言語の独自の経験的資料との相互作用によって,幼児は言語を習得していくとみなすのである.このように考えることによって,どの言語であれ,なぜ人間はごく短期間のうちに自分の周囲で使われている言語を習得するのか,また,なぜ世界の諸言語のあいだには互いに共通する普遍的な特徴が存在するのかが,合理的に説明されるのである.

このような生成文法の立場は,従来の言語変化についての考え方に大きな影響を与えた.なぜなら,青年文法学派の学者たちが言語変化を考える際に問題にしていたのは,音声表示のレベルで現われる表層の形式だけだったからである.ところが,生成文法からの音変化に対する見方では,変化するのは表層の形式それ自体ではなく,規則に支配された文法体系だと考えるのである.この文法体系の変化は,前節で示した音韻部門の枠組みにしたがうなら,基底表示の変化と,基底表示から音声表示にいたる段階で適用される音韻規則の変化の二通りに大別できる.それでは,形態素の基底形の変化であれ,規則に関わる変化であれ,文法の変化はどのようなメカニズムによって生じると考えられるのだろうか.

生成文法が考える言語習得のモデル,つまり特定のある世代からつぎの世代に母語が伝えられていく仕組みは,次ページのように図示することができる.

一般に母語の習得を終えた大人の場合には,その文法が新しい規則の追加によって変化することはあるにせよ,いったん獲得した文法に著しい変化が生じるとは考えられない(図

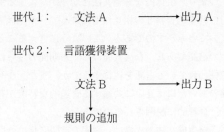

の文法Bと文法Cのあいだの関係を参照).ところが,幼児の場合は,大人の文法(文法A)の出力である言語データ(出力A)を入力として新たに文法を構築するのであるから,言語獲得装置(Language Acquisition Device)によってつくられる文法(文法B)が前の世代の文法(文法A)と必ずしも同一になるとはかぎらない.世代間の文法体系が異なる場合には,一方で,前の世代と同じ出力,つまり同じ音声表示を与えることには変わりないが,より簡潔な文法が構築されている場合が考えられる.また他方,前世代と違った文法が構築され,それによってうみだされる出力が異なる場合も考えられる.前者は形態素の基底形が組み替えられる場合であり(以下の第4節を参照),後者では適用される規則体系の変化が関わってくる(以下の3, 5, 6, 7の各節を参照).

いずれにせよ,生成文法の考え方では,音変化は表層の形

式自体の変化ではなく，文法に生じた変化の帰結として捉えられる．以下の節では，このような文法の変化の代表的なケースについて，具体的な例を問題にしながらみていきたい．

第3節　規則の追加

規則の追加（rule addition）は伝統的な見方での音変化に相当する．ただし，伝統的な立場では分析の対象を表層の形式に限定したために，音変化を受けるのは（生成文法の枠組みにおける）音声表示の形式ということになる．一方，生成文法の立場からここで問題にしている規則の追加は，基底表示から音声表示への過程で適用される一連の音韻規則のいちばん最後の段階に新しい音韻規則が追加されることをいう．新たな規則が追加されることによって，それ以前とは違う音声表示，すなわち新しい表層の形式が生成される．規則の追加は音韻規則の体系を変えるものであり，形態素の基底形は規則が追加された時点では影響を受けない．

たとえば，第3章の第1節で述べたように，現代ドイツ語に共時的な規則としてはたらいている語末の阻害音の無声化という規則は，歴史的には初期中高地ドイツ語の時期に生じたものだが，それ以前の話者がもっていなかったつぎの (16) の規則が新たに加わったものと考えられる．

(16) $\begin{bmatrix} -音節性 \\ -共鳴性 \end{bmatrix} \longrightarrow [-有声性] / \underline{}\#$

「車輪」を意味する名詞の主格（1格）と属格（2格）を例にとると（古高地ドイツ語 rad, rades, 現代ドイツ語 Rad, Rades），語末阻害音の無声化が起こったとき，初期中高地ドイツ語の話者の文法には，(16) の規則が音韻部門の派生の最終段階に加わったと考えられる（基底表示のなかの＋は，形態素境界を表わす）．

基底表示　　　/rad/　　/rad+əs/
　　　　　　　……　　　……

(16) の規則　　rat　　　──
音声表示　　　[rat]　　[radəs]

もちろん，この話者の文法のなかには他の形式を生成するために必要な音韻規則が，(16) の規則が適用される前の派生段階にすでに存在していた．また，現代ドイツ語の話者の文法には，新たに別の音韻規則が追加された結果，中高地ドイツ語とは違った Rad [raːt] と Rades [raːdəs] という音声表示が導かれるようになっている．

この規則の追加は，生成文法の立場から提案された文法体系に生じる種々の変化のうち，最も基本的な変化であると考えることができる．また同時に，規則の追加は大人の話し手の文法に影響を与えうる唯一の変化といってよいだろう．以下の節で述べる他の変化は，2つの世代間で，つまり幼児が母語を習得する際に生じるものであり，それによって前の世代とは少し違った文法がつくられることになるのである．

第4節　基底表示の組み替え

　幼児が言語の習得を行なう場合，周囲で話されている言語データにもとづいて文法を構築するわけだが，その際，前の世代と同一の基底形を基底表示にたてるとはかぎらない．条件変化規則が前の世代の文法にふくまれている場合には，その条件変化規則によって形態音素的交替がうみだされる．たとえば，前節でみたドイツ語の阻害音の無声化は語末において作用する条件変化だが，これによって Rad [raːt] と Rades [raːdəs] の例における [raːt]～[raːd] のような異形態がつくられる．この場合は，基底形として末尾に有声の /d/ をもつ /raːd/ のような形式を設定する根拠を，幼児はデータから得ることができる．ところが，非条件変化規則の場合には，その変化規則によって形態音素的交替が生じないので，前の世代の基底形を基底表示にたてる動機がなく，音声表示により近い形式を幼児が基底表示にたてることが十分に考えられる．これは，基底表示の組み替え (restructuring) とよばれる．

　たとえば，ゴート語の不定詞 bairan [beran]（この形式は，現代英語の bear「運ぶ」に該当する）は，*bheronom という印欧祖語の形式にさかのぼると考えられるが，印欧祖語の *bheronom からゴート語の beran への変化過程には，少なくともつぎの2つの非条件変化がふくまれている．

(17)　bh ⟶ b
(18)　o ⟶ a

この2つの非条件変化規則はゲルマン祖語の時期に生じたものである（このうち (17) の規則は，第4章の第2節で述べたグリムの法則の3種類の子音推移のうちのひとつにふくまれる）．したがって，ゴート語の bairan [beran] は歴史的に，たとえば，つぎのように導かれると考えられる．

印欧祖語	*bher+ono+m
(17)の規則	ber+ono+m
(18)の規則	ber+ana+m
語末の脱落	ber+an
	……
ゴート語	[beran]

ところが，共時的な観点に立つと，規則の (17) と (18)（それに語末の脱落規則）によって，さきのドイツ語の例でみたような形態音素的交替はうみだされないのであるから，ゴート語 bairan [beran] の基底形として，歴史的には正しい *bheronom をたてる動機はデータのどこにもみられない．したがって，当時のゴート語の話者は音声表示に近い /biran/ のような形式を基底表示にたて（ゴート語では印欧祖語の *e は i になり，特定の環境で，この i は e になった），(17) と (18) の非条件変化を共時的な派生には関与しないものとして文法からとりのぞいたと考えることができ

る.

基底表示	/biran/
	......
音声表示	[beran]

この例に代表されるように,基底表示の組み替えにより,すなわち音声表示に近い形式を新しい基底形として設定することにより,歴史的には確実に生じた音韻規則が共時的派生から除外され,より簡潔な文法が再構築されることになる.

基底表示の組み替えの例としてキパルスキーが提案した現象のなかに,ラテン語の honor「名誉」(単数主格)と honōris (単数属格)の関係がある.この名詞は,本来は s-語幹に属し,単数主格 *honōs,単数属格 *honōsis にさかのぼる.さらに,母音間でロタシズム(r-音化)がはたらいた結果,属格の *honōsis は古ラテン語で honōris になった.ところが,後に類推によって属格の honōris の語幹末尾の r が主格にも広がり,honor が新たにつくられたと伝統的には説明されている(r の前で母音の短音化もともなっている).

前ラテン語	単数主格	*honōs
	属格	*honōs-is

↓

古ラテン語	単数主格	honōs
	属格	honōr-is ←ロタシズム
		(s→r/V___V)

↓

```
古典ラテン語   単数主格    honor  ←──類推
              属格      honōr-is
```

　こうした伝統的な見方に対して，キパルスキーは生成文法の立場から別の解釈を与えた．それは，この例では名詞語幹の基底形が /honōs/ から /honōr/ に組み替えられたのであり，類推というプロセスはまったく不要であるというものである．

　しかし，すくなくともこの例に関するかぎり，うえの提案はつぎの2つの理由で受け入れることができない．まず，生成音韻論では各形態素にひとつの独自の基底形が与えられなければならない．そして基底表示の組み替えが起こる場合には，古い基底形を設定する根拠がどこにもないことが必要だった．ところが，もしうえの例で /honōr/ を基底形とするなら，なぜ同じ形態素によって特徴づけられる honestus (hones+tus)「高貴な」の語幹に s があるのかが説明できない．

　また，基底表示の組み替えの際には，それと同時に以前の歴史のなかで起こった音韻規則が共時的な派生からとりのぞかれ，文法の簡略化がもたらされなければならない．ところが，ロタシズムという条件変化によってつくられた s～r の交替は，honor「名誉」～honōris では失われているものの，古典ラテン語の時期においてさえ，flōs「花」～flōris などの例のなかにはなおみられる．そしてこの場合は，基底形として /flōs/ をたてなければならない．したがって，flōs～flōris

という交替を導くには，ロタシズムが古典期のラテン語の文法のなかで共時的な規則としてなお存続していたと考えなければならない．

　基底表示の組み替えという考え方はごく自然なものであり，多くの言語の歴史にみられることは明らかだろう．しかしながら，うえで示した理由から，honor〜honōris という例については基底表示の組み替えは起こっていないものと考えられる．

　ところで，このラテン語の例についての議論のなかには，キパルスキーの別の主張が読みとれる．それは，言語変化の理解には類推は不必要という主張である．その基本的な考え方は，完全に規則的な文法の変化として理解される場合でさえ，従来，類推にもとづく説明が誤ってなされてきたというものである．このキパルスキーの見方は，以下の 5，6，7 節で検討する生成文法の立場からの提案でも，明瞭な形で示されている．しかしながら，本節で問題となったラテン語の honor と honōris については，基底表示の組み替えという提案は妥当性を欠いているといわざるをえない．そして，honōs から honor への変化について，類推による伝統的な説明を排除することはできないように思われる．

第 5 節　規則の順序替え

　同一の言語の異なる方言のあいだで，あるいは世代の違う話し手の言語のあいだで，複数の同一の音韻規則が存在する

点では同じであるものの,それらが適用される順序が異なっていると解釈できる場合がある.この場合は,新しい音韻規則が文法に加わったのではなく,すでに存在する音韻規則の適用順序が逆になったと考えることができるかもしれない.この規則体系における変化は,規則の順序替え(rule reordering)とよばれる.たとえば,以下の2つの例をみてほしい.

古高地ドイツ語から現代ドイツ語にいたる歴史のなかで,語末の阻害音の無声化(本章の第3節で示した(16)の規則)の後に,つぎの(19)の音変化が生じた.

(19)　ŋg　⟶　ŋ

これによって,たとえば古高地ドイツ語の ding [diŋg]「もの」(単数主格)と dinges [diŋgəs] (単数属格)は,歴史的につぎのように変化したと考えられる.

	diŋg	diŋgəs
(16)	diŋk	——
(19)	——	diŋəs
	diŋk	diŋəs

ところが,この2つの歴史的変化によって導かれる [diŋk] と [diŋəs] は,現代ドイツ語の方言にみられる形式で,現代標準ドイツ語では,Ding [diŋ],Dinges [diŋəs] が通常の形式である.標準ドイツ語で,単数主格が音変化によって予想される [diŋk] ではなく,[diŋ] で現われる問題

については,伝統的には類推によって,つまり属格のŋが主格に広がり,予想されるŋkを駆逐したというふうに説明されてきた.

この問題に関して,生成文法の立場からは根本的に異なる主張がなされる.それは,歴史的には(16)の規則の後に(19)の規則がはたらいたが,ある世代で規則の共時的な適用順序が替わり,以下に示すように,(19)の規則が(16)の規則の前に位置づけられるようになったというものである.

基底表示	/diŋg/	/diŋgəs/
(19)	diŋ	diŋəs
(16)	——	——
音声表示	[diŋ]	[diŋəs]

さらにまた,ドイツ語の歴史で語末の阻害音の無声化の後に起こった音変化として,つぎの(20)の規則がある.この規則が意味するところは,有声阻害音の前の母音は長くなるというものである.

(20)　V ⟶ V̄ /＿＿ C
　　　　　　　　　　　[＋有声性]

(16)と(20)の規則は,たとえば,古高地ドイツ語のlob [lob]「賞賛」(単数主格)とlobes [lobəs] (単数属格)に対して,歴史的にこの順にはたらいた.

	lob	lobəs
(16)	lop	——
(20)	——	lo:bəs
	lop	lo:bəs

ところが,現代ドイツ語のLobとLobesという形式は,予想される[lop]と[lo:bəs]ではなく,[lo:p],[lo:bəs]と発音され,主格も属格も長母音をもっている.この主格の長いo:は伝統的には,属格からの影響として,類推によって説明されていた.しかし,生成文法の立場では,ここでもやはり関与するのは類推ではなく,(16)と(20)のあいだの規則の順序替えであるという主張がなされるのである.

基底表示	/lob/	/lobəs/
(20)	lo:b	lo:bəs
(16)	lo:p	——
音声表示	[lo:p]	[lo:bəs]

この2つの例では,問題となる現代ドイツ語の形式の発音が規則の順序替えによって正しく導かれることは間違いない.しかし,規則の順序替えの動機,すなわちどのような場合に順序替えが起こるのかが示されないかぎり,この見方は説明力に欠けているといわざるをえない.この点についてキパルスキーは,派生においてより多くの形式が規則の適用をうけるように規則は順序づけられるのだと考え,そのような順序づけが無標(unmarked)であると主張している.それ

では,その無標である順序づけとはどのようなものなのだろうか.

一般に,AとBという2つの音韻規則があり,Aがさきに適用されることによってBが適用される条件が満たされる場合,A⟶Bの順序を給入順序(feeding order)という.さらに,同じ規則A,Bについて,BがAよりさきに適用されてもAの適用範囲に影響を与えない場合,B⟶Aの順序を反給入順序(counter-feeding order)という.たとえば,

A : y ⟶ φ/V___V
B : e ⟶ i/___e

という2つの規則があるとき,これらが /meye/ という基底形に,A⟶Bという順序で適用される場合は給入順序,B⟶Aという順序の場合は反給入順序になる.

基底表示	/meye/	基底表示	/meye/
規則A	mee	規則B	――
規則B	mie	規則A	mee
音声表示	[mie]	音声表示	[mee]

他方,CとDという規則があり,Cがさきに適用されることによってDが適用される条件が奪われてしまう場合,C⟶Dの順序を給外順序(bleeding order)という.同じ規則C,Dについて,DがCよりさきに適用されてもCの適用範囲に影響を与えない場合,それは反給外順序(count-

er-bleeding order) といわれる.
たとえば,

C： [−音節性] ⟶ [−有声性]/___#
　　 [−共鳴性]

D： [+有声性] ⟶ [+継続性]/V___

という2つの規則があるとき，/trag/ という基底形に，C⟶D の順序で適用される場合は給外順序，D⟶C の順序で適用される場合は反給外順序になる．

基底表示　/trag/　　　基底表示　/trag/
規則 C　　 trak　　　 規則 D　　 traɣ
規則 D　　 ——　　　 規則 C　　 traxɣ
音声表示　[trak]　　　音声表示　[traxɣ]

以上述べた規則の順序づけの4つのタイプのうち，規則が最大限に適用されるのは給入順序と反給外順序である．したがって，この2つの順序づけが無標であり，言語変化においては反給入順序が給入順序に，給外順序が反給外順序になるように，つまり有標の順序が無標の順序になるように，規則の順序替えが起こると，キパルスキーは提案している．

この提案を，うえで例としてあげたドイツ語の Ding と Lob に当てはめて考えてみよう．たしかに，Lob については歴史的には正しい (16)⟶(20) の順序が (20)⟶(16) の順序になることで，給外順序が反給外順序となり，キパルスキーの見方にあう．ところが，Ding に関しては，(16)

──(19)の順序であろうが，(19)──(16)の順序であろうが，給外順序であることには変わりがない．つまり，キパルスキーの提案に合致するように順序替えが生じていないのである．この例に代表されるように，無標性と有標性という観点からの説明の例外となる順序替えは，多くの言語の歴史のなかに観察される．さらに，2つの規則のあいだに一定の順序づけが与えられるとき，ある語彙の派生ではそれが給入順序になるが，別の語彙の派生では給外順序になるといった場合もみられる．

前章で述べたように，類推はそれがいつ生じるかが規則的に予測しがたいプロセスだった．うえでみたキパルスキーの見方も，どういう場合に規則の順序替えが起こるのかを決定できない点で，類推が残した問題をけっして満足に解決しているとはいえないだろう．

第6節 規則の消失

本章の第3節で，生成文法の立場からの考え方のひとつとして，規則の追加という提案についてみた．これとは逆に，規則が文法からとりのぞかれるという見方が可能なケースがある．この見方は規則の消失（rule loss）とよばれる．規則の消失が関与しているひとつの例として考えられるのは，以下に示すイディッシュ語の場合である．イディッシュ語は，中高地ドイツ語を母体とし，それにヘブライ語やスラブ語が混和したもので，ヨーロッパ東部やアメリカ，イスラ

エルのユダヤ人によって話されている.

さて,標準イディッシュ語では,つぎに示すように,中高地ドイツ語の時期に生じ,現代ドイツ語になお保持されている,阻害音の語末における無声化がみられない.

	中高地ドイツ語	現代ドイツ語	標準イディッシュ語
「道」	wec	Weg [ve:k]	veg
「日」	tac	Tag [ta:k]	tog

しかし,イディッシュ語の以前の歴史のなかで語末の阻害音の無声化が生じたことは,うえの veg と同源の形態素をもつ avek「離れて」のような孤立した形式から容易に推定できる(実際に,語末の無声化が広くみられるイディッシュ語の方言もある). この現象について,生成文法の観点からはつぎのような説明が与えられる. それは,語末の阻害音の無声化という規則はイディッシュ語にかつて存在していたが,後に文法から失われた. その結果,現代標準イディッシュ語では語末の阻害音は基底表示の音形がそのまま音声表示に現われるようになった. ただし,avek のような副詞については,名詞のパラダイムとの関連性がなくなり,語末に無声阻害音をもつ形式として語彙化された,という説明である.

これに対して,伝統的立場からは,現代標準イディッシュ語に語末阻害音の無声化がみられないのは,パラダイムのなかにふくまれていた末尾に有声阻害音をもつ異形態からの2次的な影響であり,avek については孤立した副詞であるのでこのパラダイムの画一化をうけなかった,という説明が与

えられている.

　規則の消失という生成文法の立場からの説明は，パラダイムのなかの異形態からの影響とする類推にもとづく説明よりも，簡潔性という観点からはたしかに優れている．とはいえ，規則の消失というこの提案自体に問題がないわけではない.

　ひとつは，イディッシュ語の語末における有声阻害音の復活は，短い期間に規則的にもたらされたのではなく，単語ごとにゆるやかなペースで，しかも不規則になされたという事実である．この事実は，うえの規則の消失という説明では理解しがたい．なぜなら，もしも言語習得の際に前の世代の文法に存在した規則が獲得されなかったとするなら，つぎの世代では基底表示の語末の有声阻害音はすべてそのまま音声表示に現われるはずだからである.

　さらに，規則の消失という見方は，どのような場合に起きるのかを特定できないという点で説明力を欠いている．第4章の第2節で，古英語のfrēas「凍った」(3人称単数過去形) とfruron「同」(過去複数) にみられるように，ゲルマン祖語ではひとつのパラダイムのなかで，sとヴェルネルの法則によってsからうまれたrとが交替する例がある，と述べた．後の歴史では，英語はfreeze, froze, frozenというようにs(>z) を一般化したのに対し，ドイツ語はfrieren, fror, gefrorenとrのほうを一般化した．この例については，英語ではヴェルネルの法則が文法から失われることによりs〜rという交替がのぞかれたと説明できるかもしれ

ないが，ドイツ語の場合には別の説明が必要になる．つまり，規則の消失は，いつ生じるかが決定できないという点で，規則の順序替えと同じように，類推が残した問題を納得のいくやり方で解決しているとは考えられないのである．

第7節　規則の挿入

本章の第3節でみた規則の追加は，新しい規則が派生の最終段階で付与される変化と定義された．これに対して，本節でとりあげる規則の挿入（rule insertion）は，派生の中間段階に，すなわち音声表示から離れたかなり抽象的なレベルに新しい規則が挿入されるという特徴をもっている．

この規則の挿入が文法の変化として可能であるかどうかという議論のなかで，具体的な問題として大きく注目されたのは，ラッハマンの法則（Lachmann's Law）とよばれるラテン語の史的音韻論における問題だった．この法則をたてる動機となる現象は，つぎのとおりである．ラテン語では，以下の lēctus, rēctus, āctus に代表されるように，特定の完了分詞は語根に長母音をもつが，別のものは factus や iactus のように短母音をもつ．以下に，それぞれの完了分詞をそれに対応する現在形とともに示す（現在形では，語根部の母音はすべて短いことに注目してほしい）．

現在形　　　　　　完了分詞
leg-ō「読む」　　　lēc-tus

reg-ō「支配する」	rēc-tus
ag-ō「行なう」	āc-tus
fac-iō「つくる」	fac-tus
iac-iō「投げる」	iac-tus

ラッハマンは,現在形との比較から,語根部に長母音をもつ完了分詞は語根末尾が有声阻害音によって特徴づけられるのに対して,短母音をもつ完了分詞はそうではないことに注目した.そして,有声阻害音で終わる語根が無声阻害音ではじまる接尾辞に後続されているときに,語根母音が長くなるという規則を提案した.この規則はキパルスキーによって,つぎのような音韻規則として定式化されている(一般に阻害性は弁別素性として認められていないため,「+阻害性」は「−共鳴性」と書きかえるべきだが,ここではキパルスキーにしたがう).

(21) V ⟶ V̄/___ $\begin{bmatrix} +阻害性 \\ +有声性 \end{bmatrix}$ $\begin{bmatrix} +阻害性 \\ -有声性 \end{bmatrix}$

さらに,語根末の有声阻害音を無声化するために,以下の同化規則が必要になる(規則のなかにふくまれている α は,+あるいは−のどちらかの値をとる変項で,それが付与されている素性の値が同じであることを意味する).

(22) [+阻害性] ⟶ [α 有声性]/___ $\begin{bmatrix} +阻害性 \\ α 有声性 \end{bmatrix}$

第5章 生成文法から音変化をみる

語根部の母音が長い完了分詞は,この2つの規則を (21)
⟶ (22) の順に適用することによって規則的に得られる.
ところが,歴史的には (21) の規則がラテン語内部の独自
の規則であるのに対して, (22) は印欧祖語の時期にさかの
ぼる規則である.つまり, (21) は (22) より新しい規則で
あるために,新しい規則は派生の最終段階に追加されるとい
う見方ではこの問題は解決されない.

　(21) と (22) の規則が歴史的にはたらいた順にしたがっ
て文法に組み込まれ,しかも正しいラテン語の完了分詞の形
式を派生するために,キパルスキーはつぎのような提案をし
た.それは,規則 (21) は規則 (22) より後にラテン語の
文法に組み込まれたが,以下に示すように,規則体系のなか
で規則 (22) に先行する位置に挿入された,というもので
ある.

	印欧祖語		ラテン語
基底表示	/leg+tos/	基底表示	/leg+tus/
規則(22)	lek+tos	規則(21)	lēg+tus
音声表示	[lektos]	規則(22)	lēk+tus
		音声表示	[lēktus]

この規則の挿入という抽象度の高い文法体系の変化を考える
ことによって,ラッハマンの法則をめぐる問題が解決される
ように思えるかもしれない.ところが,キパルスキーの提案
はつぎの2つの点で問題が残る.

　まず,ラッハマンの法則はそれ自体多くの例外を残してい

る.たとえば,string-ō「しめる」,fing-ō「つくる」という動詞は,語根が有声阻害音で終わっているために,ラッハマンの法則にしたがうなら,完了分詞としてそれぞれ語根母音の長い strīc-tus, fīc-tus が予測されるが,実際の形式は語根母音の短い stric-tus, fic-tus である.

また,ラッハマンの法則は音韻規則として定式化されているのに,実際にそれが適用されている形式は実質的に完了分詞にかぎられているという分布上の形態的かたよりがある.

これらの問題点を解消するために,ワトキンズは伝統的な立場から以下のような説明を与えている.まず,語根母音の長い完了分詞は,対応する完了形の語根もやはり長母音によって特徴づけられていることに注目する(つぎの完了形の例では,1人称単数能動形を代表としてあげる).

	完了分詞	完了形
leg-ō	lēc-tus	lēg-ī
reg-ō	rēc-tus	rēx-ī
ag-ō	āc-tus	ēg-ī

一方,ラッハマンの法則の例外となる strictus, fictus という完了分詞に対応する完了形の語根母音は短い.

	完了分詞	完了形
string-ō	stric-tus	stri(n)x-ī
fing-ō	fic-tus	finx-ī

つまり,語根母音の長さについて,完了分詞と完了形のあい

だには一致がみられるのである.

　ラテン語の完了形の形成法にはいくつかのタイプがあるが, そのうち語根母音を長くするタイプは多くの動詞にみられ, その長い語根母音は印欧祖語の s-アオリストの特徴を継承していると考えられる（第 2 章の第 5 節を参照）. また, ラテン語の完了形の受動態は be 動詞と完了分詞の結合によってつくられるために,（能動の）完了形と（受動態に用いられる）完了分詞は機能的に密接に関連している. 以上の事実から, 完了分詞にみられる語根部の長母音は, 対応する完了形から語根の長母音が類推によって 2 次的に移されたものであると考えることができる.

　この類推にもとづく説明でもなおいくつかの例外が残る. しかし, キパルスキーの提案にくらべると, 言語事実の説明という点でははるかに妥当性が高いということができるだろう. ラッハマンの法則以外にも, 規則の挿入の適用例としてあげられた現象がいくつかあった. しかし, それらを綿密に検証してみた結果, 規則の挿入は可能なタイプの文法の変化として認めることはできず, 新しい音韻規則が文法に追加される場合, それが生じるのは派生の最終段階にかぎられるという見方が有力になっている. これは, 生成文法の研究者が最初に考えていたような抽象的なレベルでの音韻分析が捨てられ, 生成文法の立場と伝統的な立場とがかなり接近してきたことを意味するものと考えられる.

第8節　生成文法と類推

　本章の第3節から第7節まで,言語の変化を文法体系の変化として捉える生成文法の見方について,その具体的な提案を検討してきた.その結果,すべての変化は文法の変化の帰結であるという主張は受け入れがたく,類推というプロセスが言語変化に深く関わっているという伝統的な立場を排除することは不可能であることがかなり明らかになった.第5節と第6節でみたように,規則の順序替えと規則の消失という文法変化は,それらがいつ適用されるのかという動機づけが不明確である点で,類推にもとづく分析よりも決定的にすぐれた説明力をもっているようには思えない.また,第4節の基底表示の組み替えや第7節の規則の挿入についての検討のなかでも,類推を用いる説明のほうが言語事実をより妥当に説明できると考えざるをえない現象があった.

　本節ではさらに一歩すすんで,生成文法の見方では説明不可能と思える現象に対して,類推にもとづく見方に立てば自然な説明が与えられる例を示しておこう.例としてあげるのは,古典サンスクリット語の完了形の3人称複数のうち,共時的には不規則にみえる形式である.

　サンスクリット語の完了形は,一般につぎのようにして規則的につくられた.母音 *e をもつ重複音節に,強語幹（能動態の単数）では母音 *o をもつ語根,弱語幹（能動態の単数以外）では母音のない語根がつき,こうしてできあがる語

幹に独自の完了語尾が付与された。たとえば、*kʷer-「行なう」、*wert-「なる」、*pet-「落ちる」という語根からつくられる完了形として、強語幹の代表として能動態3人称単数形、弱語幹の代表として能動態3人称複数形をあげると、以下のようになる（印欧祖語の *e, *o は、サンスクリット語ではaで現われる。*o については ā で現われる場合があるが、この問題はここでの議論に直接関与しない。また、*kʷer- については、第2章の第3節で述べた「口蓋化の法則」がはたらいている）。

3人称単数　　　　　　3人称複数
*kʷe-kʷor-e＞cakāra 　　*kʷe-kʷr-ur＞cakrur
*we-wort-e＞vavarta 　　*we-wr̥t-ur＞vavr̥tur
*pe-pot-e＞papāta 　　　*pe-pt-ur＞paptur

これらは規則的に形成される例であるが、3人称複数のpapturについては、この形式はサンスクリット語のなかでもより古い時代の文献であるヴェーダにのみ現われ、後の古典サンスクリット語では重複音節のないpeturという形式が使われる。このpeturは重複音節が欠けているばかりでなく、語幹の母音についても他の一般的な例から逸脱している。このpeturと同様に不規則な3人称複数の完了形は、古典サンスクリット語に少なからずみられる。たとえば、tepur（語根は tap-＜*tep-「熱い」)、pecur（語根は pac-＜*pekʷ-「料理する」）などであり、これらにはそれぞれtatpur, papcurが規則的な形式として予想されるが、実際

の形式は tepur, pecur である.

うえの tepur などと表面的には同じ構造を示しているにもかかわらず,音韻規則によって自然に説明できる3人称複数の完了形がある.それらは yejur(語根は yaj-<*yag-「祭祀を行なう」)に代表される語根が y ではじまる形式で,たとえば *yag- の3人称の単数形と複数形は以下のように導かれる.

3人称単数　　　　　3人称複数
*ye-yog-e＞yayāja　　*ye-yg-ur＞*ya-ij-ur＞yejur

yejur を導く場合には,y が子音の前にくるとき共鳴性を強めて母音化する,つぎの規則がはたらいている.

(23)　y ⟶ i/___C

この規則によって生じた *ai という二重母音は,サンスクリット語に起こった音変化によって e [e:] になる.したがって,yejur は音韻的にはまったく規則的な形式である.

これに対して,petur, tepur, pecur という3人称複数の完了形は,さきに示したように,語根が y ではじまっていないために,音韻的に自然に導くことができない.もしも規則の追加によって,基底表示の /pe-pt-ur/ から petur を派生しようとするなら,

(24)　C ⟶ i/a___C　(ただし,この規則は能動態完了の弱語幹の形式にのみはたらく)

という規則をたてざるをえない．これは，すべての子音連続において最初の子音が i になるという（たとえば petur（＜*pa-it-ur＜*pe-pt-ur）の場合は p が t の前で i になるような）まったく不自然な規則である．しかも，この規則が適用されるのは能動態完了の弱語幹形にかぎられるという，こみいった形態論的な制約までついてくる．

ところが，類推にもとづく立場からは，y ではじまる語根の完了形のパターンがそれ以外の子音ではじまる語根の完了形のパターンに影響をおよぼしたと考える，すなわち，つぎの比例式をたてることによって，

yayāja（3人称単数）：yejur（3人称複数）
＝papāta（3人称単数）：X（3人称複数）
X＝petur

petur に代表される記述的に不規則な形式の成立に対して，無理のない説明を与えることができる．

また，生成文法の立場からは，「/pet-/ という語根の完了形の弱語幹は重複をともなわない」というような情報を辞書に記載すればよいという主張がなされるかもしれない．たしかに，辞書の語彙的情報の一部が世代間で異なる場合が考えられる．しかし，その場合，特定の形態素に固有の情報が言語習得において獲得されなかったというのが一般的である．たとえば，英語の cow の複数は，第4章の第1節で述べたように，接辞 -s によってつくられる一般的なタイプでは本来なかった．ところが，この cow に特有の語彙的情報があ

る世代において習得されなかったために、規則的な cows が一般化されるようになったという解釈ができる。この現象は、生成文法の立場では文法の簡略化として説明される。この立場に立つならば、古典サンスクリット語で petur が paptur にかわってつくられたとき、うえに示した「/pet-/ という語根の完了形の弱語幹は重複をともなわない」というような形態素に特有の語彙的情報は、失われたのではなく、新たにつけ加わったのである。つまり、文法の簡略化ではなく、複雑化をもたらしている。しかも、複雑化の原因となった語彙的情報は、うえでみた yejur のような語根が y ではじまる動詞の完了形の弱語幹が、純粋に音韻規則のみによってつくられる以上、どこからも得られないのである。すなわち、言語習得において前世代の言語資料からけっして得ることのできない語彙的情報をつぎの世代が独自に獲得するという、まったく説明不可能な状況におちいってしまう。さらに、この語彙的情報は弱語幹にのみ適用されるために、音韻環境からは予測できない別の語幹を同一パラダイムのなかにわざわざつくりだすという結果をもたらすことになる。

　以上を総合すると、paptur ⟶ petur に代表されるサンスクリット語の完了形の弱語幹にみられる変化は、語根が y ではじまる yejur のような動詞からの類推と考える以外には、満足のいく説明はできないように思われる。したがって、キパルスキーの主張にもかかわらず、類推は言語変化からとりのぞくことのできないプロセスであると考えざるをえないのである。

キーワード（数字は，主な該当ページ）

ア行

異形態 99-, 109-, 125-
ウムラウト 117-, 139
音韻規則 184-
音声表示 184-
音変化の規則性 42, 61, 139-

カ行

解読 21-
規則の順序替え 197-
規則の消失 203-
規則の挿入 206-
規則の追加 191-
基底表示 184-, 193
逆形成 157-
給外順序 201-
給入順序 201-
系統樹モデル 70-
言語習得 137, 188, 214-
言語の下位分類 70-
構造記述 121
構造変化 121

サ行

再建 57-, 67-
残存形式 150, 153, 160-
子音の弱化 112
自然類 49, 102
字母的書記 17-

借用 20, 38-
条件変化 100-, 107-
初頭子音交替 108-
生成文法 183-, 211
青年文法学派 61, 65
祖語 38, 44-, 63-, 67-

タ行

対応 41-, 57-
同化 43, 52, 100, 112
同源語 42-

ナ行

内的再建法 99-, 168-

ハ行

波状モデル 76-
パラダイムの画一化 140, 144-, 166
反給外順序 201-
反給入順序 201-
比較方法 40-
非条件変化 193-
文献資料 15-
弁別素性 49, 102
母音交替 62-, 135-, 165-

マ行

無標 147, 162, 200-

ヤ行

有標 202-

ラ行

類推 135-, 211-
連声(れんじょう) 111

さらに広く知りたい人のために

　比較言語学の一般的な方法論についての基本文献はかなりたくさんあるが，1人（あるいは2人）の著者による代表的な単行本としては以下のものがある．

Anderson, J. M. 1973. *Structural Aspects of Language Change*, Longman.

Anttila, R. 1989. *An Introduction to Historical and Comparative Linguistics*, second edition, John Benjamins.

Arlotto, A. 1972. *Introduction to Historical Linguistics*, Houghton Mifflin Company.

Boretzky, N. 1977. *Einführung in die historische Linguistik*, Rowohlt Taschenbuch Verlag.

Bynon, Th. 1983. *Historical Linguistics*, reprinted with corrections, Cambridge University Press.

Crowley, T. 1992. *An Introduction to Historical Linguistics*, second edition, Oxford University Press.

Fox, A. 1995. *Linguistic Reconstruction: An Introduction to Theory and Method*, Oxford University Press.

Hock, H. H. 1991. *Principles of Historical Linguistics*, second edition, Mouton de Gruyter.

Jeffers, R. J. and I. Lehiste 1979. *Principles and Methods for Historical Linguistics*, MIT Press.

Lehmann, W. P. 1992. *Historical Linguistics: An Introduction*, third edition, Routledge.

これらには,第2章,第3章でみた比較方法と内的再建法について,それぞれのやり方で解説されている.

そのほかにも重要な論文集や個別の論文があるが,比較方法については,

Meillet, A. 1966. *La méthode comparative en linguistique historique*, reprinted, Champion(泉井久之助訳『史的言語学における比較の方法』1977年,みすず書房)

を,また言語の歴史的研究一般については,

Bloomfield, L. 1933. *Language*, Holt, Rinehart and Winston(三宅鴻,日野資純訳『言語』1962年,大修館書店)

の第17章から第27章までを精読することからはじめるのがよいだろう.しかし,これらは両方とも古い時代に書かれたものであるから,つぎにうえに示した基本文献のどれかにすすめば,基本的なことがらの確認とあわせて,最近の研究成果の重要な部分を知ることができるだろう.特にうえのバ

イノン (Bynon) とホック (Hock) の著書はすぐれた入門書であり,たいへん参考になる.

第4章であつかった,類推の性質についてのクリウォーヴィッチの考えは,

Kuryłowicz, J. 1966. "La nature des procès dits 'analogiques'" reprinted in Hamp, E. P. et al. (eds.) *Readings in Linguistics II*, University of Chicago Press, pp. 158-174

に示されている.なお,類推についてのより広い観点からの考察は,

Anttila, R. 1974. *Analogy*, Mouton

にみられる.

また,第5章でみた,生成文法の立場からの音変化に対するアプローチについては,

Kiparsky, P. 1965. *Phonological Change*, MIT dissertation

が出発点になる.この論文は注意深く検討しながら読まなければならない.

生成文法からの提案に対する伝統的な立場からの批判は,

Watkins, C. 1970. "A Further Remark on Lachmann's Law" *Harvard Studies in Classical Philology* 74, pp. 55-65

のなかに読みとることができる．なお，

Kiparsky, P. 1988. "Phonological Change" in Newmeyer, F. J. (ed.) *Linguistics: The Cambridge Survey I*, Cambridge University Press, pp. 363-415
―――. 1995. "The Phonological Basis of Sound Change" in Goldsmith, J. A. (ed.) *The Handbook of Phonological Theory*, Blackwell, pp. 640-670

のなかでは，キパルスキー自身も言語変化に類推が関与していることを認めているようである．

　比較言語学は，なんといっても実証性を重んじる学問である．したがって，基本的な方法論を身につけたならば，それを研究対象とする言語や言語群に適用して，実際のデータを分析してみることが大切である．対象となる言語についての事実の蓄積（これこそ，比較言語学の柱となるべきものである）がないならば，理論的な書物をどれだけ読んでも，比較言語学のおもしろさを味わうことはできないからである．

初版あとがき

 アメリカの著名な言語学者，サピアは，「言語はみずからつくる流れのなかで時をくだる．言語には駆流（drift）がある」と述べている（『言語』第 7 章）．ところが，長期にわたる変化の方向の一定性とでも理解できるこの駆流が，いったい何によって決定されるのかというと，その答えをだすのはけっして容易ではない．
 たとえば，英語の歴史のなかで，基本語順は SOV（主語-目的語-動詞）から SVO（主語-動詞-目的語）へ変化したと考えられる．この語順の変化の原因としてサピアが考えたのは，彼が英語に流れる駆流のひとつとしてあげている，主格と目的格との形態的差異をとりのぞこうとする傾向である．主格と目的格の区別がなくなれば，基本語順（SOV）なのか，目的語が話題になって文頭にたった語順（OSV）なのかは形式的には判断できないことになる．ところが，基本語順が SVO ならば，目的語が文頭にきても（OSV），語順の違いは動詞の位置によって区別できる．したがって，格を表示する役割を果たしていた語尾の弱化が SOV から SVO への変化を引き起こしたと考えることができる．このことは，グリーンバーグがその有名な語順の研究のなかで示した 41

番目の言語普遍,「SVO 言語にはたいていいつも格体系がそなわっている」によっても裏づけられる.

ところが,一歩すすんで,「それでは,なぜ英語では語尾が弱化したのか」と問われるかもしれない.この質問に対しても,「英語では語頭に強勢が置かれることが多かったために,その代償として語尾が弱く発音されるようになったからである」と答えることが可能だろう.しかし,さらにすすんで,「では,なぜ英語をふくめたゲルマン諸語で語頭に強勢が置かれるようになったのか」と問われれば,もはや納得がいく答えをだすことは困難である.

構造言語学の基礎を築いたブルームフィールドは,「音変化の原因は不明である」と述べている(『言語』第21章第9節).その後,音変化のみならず,言語変化一般に関して研究が積み重ねられたにもかかわらず,「なぜ言語は変化するのか」という問題について十分なことは明らかになっていない.本書でも,特定の言語の歴史に生じた音変化や形態変化を決定する方法については述べたが,変化の原因については明確な考えを示すことができなかった.これは非常にむずかしい問題であり,言語の歴史的研究のなかのひとつの大きな問題として,多くの具体的な問題とともに未解決のまま残っている.

また,本書で分析の対象となったのはインド・ヨーロッパ系の諸言語であったが,他の系統に属する諸言語の場合,ここで示した比較言語学の手続きが同じようにうまくいくとはかぎらないであろう.印欧語族の場合,印欧祖語から分岐し

初版あとがき

た各語派とそれを構成する諸言語といった系統的な関係は，研究の早い時期からかなり明らかであった．独自の複雑な形態組織によって特徴づけられる印欧諸語は，形態組織の単純な言語にくらべて，系統関係の決定がはるかに容易だったからである．また，地理的にも中央アジアからヨーロッパの西端までの広い地域に数多くの言語が分布している．さらに，歴史的には紀元前 1000 年以上の昔にさかのぼる古い文献をもつ言語もいくつかあり，ヒッタイト語やトカラ語のように消滅したものもあるが，多くは今日にいたるまでの長い歴史的記録をもっている．このような状況は，比較言語学の発展にとってきわめて有利だったことはいうまでもない．

　本書は，2 年ほど前に三省堂の松田徹さんから，現代の比較言語学をわかりやすく説いた清新なものを，との依頼をうけて，執筆したものである．もとの原稿は今から 1 年ほど前に完成したが，松田さんにお見せしたところ，「あまりにも難解な論文調であり，このままでは一般になじみのない比較言語学がますます近づきがたいものになってしまう」という主旨のコメントをいただいた．わたしには，専門的な書物や学術論文以外に文章を書く経験がほとんどなかったからである．その後，だれにでも無理なく理解できるように，内容と文章を全面的に書き改めた．少しでも読みやすいものになっているとすれば，それは原稿の全体をくりかえし通読され，さまざまなご注意を与えてくださった松田さんの献身的なご協力のたまものといえるだろう．こころからあつくお礼

を申し上げたい．

　　　　　　　　　1995 年 9 月　　　　吉田　和彦

文庫版あとがき

　本書は，もとは1996年に三省堂から刊行されたものである．そのときから28年の歳月が経過した．いま読み返してみると，懐かしい思いになる．20世紀前半に活発な研究活動を行なった，アイルランドの言語学者オズボーン・ベルギンは「過去50年間のあいだに印欧祖語ほど変化した言語はない」と述べている．この言葉の背景にある事情は，19世紀にソシュールが理論的に仮定した音が当時解読されたばかりのヒッタイト語に保存されていることが分かり，いわゆる喉音理論（laryngeal theory）が誕生した．そしてそれにともないそれまで推定されていたのとは根本的に異なる印欧祖語が再建されるようになったことによる．そのような劇的な変化は過去28年間においてみられない．それにもかかわらず，再建される印欧祖語には修正が加えられ続け，20世紀の研究者が誰一人として知らなかった多くのことを現在の印欧語学者は知っている．

　過去28年間の歴史比較言語学においてもっとも注目される点は，データの量と質の両面における文献学的成果にあると考えられる．たとえばアナトリア語派においては新たな粘土板や石碑文が発見されている．さらに2023年にはカラス

マ語という新言語が記録されている粘土板が見つかった．また今日のグローバル化するデジタル時代のなかで，それまで特定の研究機関が所蔵していた文献資料がデジタル画像および翻字のかたちで公開されるプロジェクトが国際的な連繋のもとで推進されている．このような成果を踏まえて，文献資料の解読や言語学的解釈が着実に進んでいる．

歴史比較言語学は 200 年以上の長い歴史のある分野である．20 世紀になって生きている言語に目が向けられるようになり，それにともなって言語理論が著しく発展するまで，歴史比較言語学は科学的な方法論をそなえた唯一の言語学の分野であると考えられていた．すでに 100 年ほど前に方法論が確立していたのである．

そして過去 28 年のあいだにも，言葉を復元するうえでの新しい方法論の導入があったとは思えない．本年出版された『日本語・琉球諸語による歴史比較言語学』という教科書をみても，データとして日本語・琉球諸語を対象にしている点には新規性があるが，そこで用いられている方法論に目新しさはみられない．このような事情に鑑み，豊富な事例に基づいて本書のなかで説明されている方法論については特段書き改める必要がないと判断し，修正は誤字・脱字など最小限にとどめた．

初版が刊行された 1996 年以降にあらわれた歴史比較言語学の代表的な入門書を以下に示す．

Bowern C. and B. Evans (eds.). 2015. *The Routledge*

Handbook of Historical Linguistics. Routledge.

Bybee, J. 2015. *Language Change*. Cambridge University Press.

Campbell, L. 2021. *Historical Linguistics: An Introduction,* 4th edition. MIT Press.

Crowley, T. and C. Bowern. 2010. *An Introduction to Historical Linguistics,* 4th edition. Oxford University Press.

Hale, M. 2007. *Historical Linguistics: Theory and Method*. Blackwell.

平子達也, 五十嵐陽介, トマ・ペラール. 2024. 『日本語・琉球諸語による歴史比較言語学』岩波書店.

Janda, R. D., B. D. Joseph and B. S. Vance (eds.). 2021. *The Handbook of Historical Linguistics, Volume II*. Wiley Blackwell.

Joseph, B. D. and R. D. Janda (eds.). 2003. *The Handbook of Historical Linguistics*. Blackwell.

Luraghi, S. and V. Bubenik (eds.) 2010. *The Continuum Companion to Historical Linguistics*. Continuum.

Miller D. G. 2010. *Language Change and Linguistic Theory I and II*. Oxford University Press.

Ringe, D. and J. F. Eska. 2013. *Historical Linguistics: Toward a Twenty-First Century Reintegration*. Cambridge University Press.

Trask, R. L. 1996. *Historical Linguistics*. Arnold.

今回本書がちくま学芸文庫の一冊として再刊されることになったのは，ひとえに編集局の田所健太郎氏のご厚意によるものである．ここに記して感謝の意を表したい．

　　　　　　　　　2024 年 8 月　　　　吉田　和彦

本書は、一九九六年三月、三省堂より刊行された。

漢文の話　吉川幸次郎

「論語」の話　吉川幸次郎

老子　福永光司訳

荘子 内篇　福永光司訳

荘子 外篇　興膳宏訳 福永光司訳

荘子 雑篇　興膳宏訳 福永光司訳

墨子　森三樹三郎訳

驚異の匣　種村季弘コレクション　種村季弘 諏訪哲史編

朝鮮民族を読み解く　古田博司

日本人の教養に深く根ざす漢文を歴史的に説き起こし、その由来、美しさ、読む心得や特徴を平明に解説する。贅沢で最良の入門書。　(興膳宏)

人間の可能性を信じ、前進するのを使命であると考えた孔子。その思想と人生を『論語』から読み解く中国文学の碩学による最高の入門書。

己の眼で見てこの世界は虚像に過ぎない。自我を超えた「無為自然の道」を説く、東洋思想が生んだ画期的な一書を名訳で読む。　(興膳宏)

人間の醜さ、愚かさ、苦しさから鮮やかに決別する、古代中国が生んだ解脱の哲学三篇。中でも「内篇」は荘子の思想を最もよく伝える篇とされる。

内篇で繰り広げられた荘子の思想を、説話・寓話のかたちでわかりやすく伝える外篇。独立した短篇集としても面白い、文学性に富んだ十五篇。

荘子の思想をゆかいな言葉でつづった「雑篇」。日本でも古くから親しまれてきた「漁父篇」や「盗跖篇」など、娯楽性の高い長篇作品が収録されている。

諸子百家の時代、儒家に比肩する勢力となった学団・墨家。全人を公平に愛し侵攻戦争を認めない独特な思想を読みやすさ抜群の名訳で読む。　(湯浅邦弘)

怪物誕生を辿る畢生の名作「怪物の作り方」、ぺてん師研究の白眉「ケペニックの大尉」等、世界の不思議を追った〈知の怪人〉種村季弘の粋を一冊に。

彼らに共通する思考行動様式とは何か。なぜ日本人はそれに違和感を覚えるのか。体験から説き明かす朝鮮文化理解のための入門書。　(木村幹)

十八史略
アミオ訳 孫子
【漢文・和訳完全対照版】
陶淵明全詩文集
和訳 聊斎志異
フィレンツェ史(上)
フィレンツェ史(下)
ギルガメシュ叙事詩
メソポタミアの神話
北欧の神話

今西凱夫 編訳之
三上英司
守屋淳監訳・注解
臼井真紀訳
林田愼之助訳注
蒲田松馬齢訳
ニッコロ・マキァヴェッリ
在里寛司/米山喜晟訳
ニッコロ・マキァヴェッリ
在里寛司/米山喜晟訳
矢島文夫訳
矢島文夫
山室静

『史記』『漢書』『三国志』等、中国の十八の歴史書をまとめた『十八史略』から、故事成語、人物にまつわる名場面を各時代よりセレクト。(三上英司)

最強の兵法書『孫子』。この書を十八世紀ヨーロッパに紹介したアミオによる伝説の訳業がついに邦訳。その独創的解釈のアミオによる全貌がいま蘇る。(伊藤大輔)

中国・六朝時代最高の詩人、陶淵明。農耕生活から生まれた数々の名詩は、人生や社会との葛藤を映し出し、今も胸に迫る。待望の新訳注書、遂に成る。

中国清代の怪異短編小説集。仙人、幽霊、妖狐たちが繰り広げるおかしくも艶やかな数々。日本の文豪たちにも大きな影響を与えた一書。(南條竹則)

古代ローマ時代からのフィレンツェ史を俯瞰することで見出された「歴史におけるある法則」……マキァヴェッリの真骨頂が味わえる一冊!(米山喜晟)

権力闘争、周辺国との駆け引き、戦争、政権転覆……。マキァヴェッリの筆によりさらにドラマチックに彩られるフィレンツェ史。文句なしの面白さ!

ニネヴェ出土の粘土書板に初期楔形文字で記された英雄ギルガメシュの波乱万丈の物語。最古の文学の初の邦訳。

「バビロニアの創世記」から「ギルガメシュ叙事詩」まで、古代メソポタミアの代表的神話をやさしく紹介。第一人者による最良の入門書。(沖田瑞穂)

キリスト教流入以前のヨーロッパ世界。神々と巨人たちが織りなす壮大な物語を伝える北欧神話。神々と巨人たちが織りなす壮大な物語をやさしく説き明かす最良のガイド。

アレクサンドロス大王物語
伝カリステネス　橋本隆夫訳

アレクサンドロスの生涯は、史実を超えた伝説として西欧からイスラムに至るまでの世界に大きな影響を与えた。伝承の中核をなす書物。（澤田典子）

西洋古典学入門
久保正彰

古代ギリシア・ローマの作品を原本に近い形で復原すること。それが西洋古典学の使命である。ホメーロスなど、諸作品を紹介しつつ学問の営みを解説。

貞観政要
呉競　守屋洋訳

大唐帝国の礎を築いた太宗が名臣たちと交わした政治問答集。編纂されて以来、帝王学の古典として屹立する。本書では、七十篇を精選・訳出。

初学者のための中国古典文献入門
詳講　漢詩入門
坂出祥伸

二千数百年の中国文学史の中でも高い地位を占める古典詩。その要点を、形式・テーマ・技巧等により系統だてて、初歩から分かりやすく詳しく学ぶ。

文学、哲学、歴史等「中国学」を学ぶ時、必須となる古典の基礎知識。文献の体裁、版本の知識、図書分類他を丁寧に解説する。反切とは？ 偽書とは？

シュメール神話集成
尾崎亨訳

「洪水伝説」「イナンナの冥界下り」など世界最古の神話・文学十六篇を収録。ほかではまず読むことのできない貴重な原典資料。豊富な訳注・解説付き。

エジプト神話集成
杉勇　屋形禎亮訳

不死・永生を希求した古代エジプト人の遺した、ピラミッド壁面の銘文ほか、神への讃歌、予言、人生訓など重要文書約三十篇を収録。

宋名臣言行録
朱熹　梅原郁編訳編

北宋時代、総勢九十六名に及ぶ名臣たちの言動を大儒・朱熹が編纂。唐代の『貞観政要』と並ぶ帝王学の書であり、処世の範例集として今も示唆に富む。

資治通鑑
司馬光　田中謙二編訳

全二九四巻にもおよぶ膨大な歴史書『資治通鑑』のなかから、侯景の乱、安禄山の乱など名シーンを精選。破滅と欲望の交錯するドラマを流麗な訳文で。

謎解き『ハムレット』 河合祥一郎

優柔不断で脆弱な哲学青年――近年定着したこのハムレット像を気鋭の英文学者が根底から覆し、闇に包まれた謎の数々に新たな光のもとに名著。

日本とアジア 竹内好

ホームズと推理小説の時代 中尾真理

西欧化だけが日本の近代化の道だったのか。魯迅を敬愛する思想家が、日本の近代化、中国観、アジア観を鋭く問い直した評論集。(加藤祐三)

ホームズと推理小説の時代 中尾真理

ホームズとともに誕生した推理小説。その歴史を黎明期から黄金期まで跡付け、隆盛の背景とその展開を豊富な基礎知識を交えながら展望する。

文学と悪 ジョルジュ・バタイユ 山本功訳

文学にとって至高のものとは、悪の極限を掘りあてることではないか。サド、プルースト、カフカなど八人の作家を巡る論考。

来るべき書物 モーリス・ブランショ 粟津則雄訳

プルースト、アルトー、マラルメ、クローデル、ボルヘス、ブロッホらを対象に、20世紀フランスを代表する批評家が、その作品の精神に迫る。

プルースト 読書の喜び 保苅瑞穂

『失われた時を求めて』がかくまで人を魅了するのはなぜなのか。この作品が与えてくれる愉悦を著者鍾愛の場面を通して伝える珠玉のエセー。(野崎歓)

中国詩史 吉川幸次郎 高橋和巳編

中国文学において常に主流・精髄と位置付けられてきた「詩文」。先秦から唐宋を経て近代までの文章で時代順にその流れが分かる。

宋詩選 小川環樹編訳

唐詩より数多いと言われる宋詩から、偉大なる詩人達の名作を厳選訳出して解釈する。親しみやすい漢詩論としても読める。選者解説も収録。(佐藤保)

ペルシャの神話 岡田恵美子

天地創造神話から、『王書』に登場する霊鳥スィームルグや英雄ロスタムの伝説までをやさしく語る。ペルシャ文学の第一人者による入門書。(沓掛良彦)

国文法ちかみち	小西甚一	伝説の名教師による幻の古文参考書、第三弾！文法を基礎から身につけつつ、古文の奥深さも味わえる、受験生の永遠のバイブル。(島内景二)
よくわかるメタファー	瀬戸賢一	日常会話から文学作品まで、私たちの言語表現を豊かに彩る比喩。それが生まれるプロセスや上手な使い方を身近な実例とともに平明に説く。
教師のためのからだとことば考	竹内敏晴	キレる子どもたちと教員の心身状況を見つめ、からだと心の内的調和を探る。(片沢俊介)
新釈 現代文	高田瑞穂	現代文を読むのに必要な「たった一つのこと」とは……。戦後20年以上も定番であり続けた伝説の大学受験国語参考書が、ついに復刊！(石原千秋)
現代文読解の根底	高田瑞穂	伝説の参考書『新釈 現代文』の著者による、もうひとつの幻のテキストブック。現代文を本当に正しく理解するために必要なエッセンスを根本から学ぶ。
読んでいない本について堂々と語る方法	ピエール・バイヤール 大浦康介訳	本は読んでなくてもコメントできる！フランス論壇の鬼才が心構えからテクニックまで、徹底伝授した世界的ベストセラー。現代必携の一冊！
学ぶことは、とびこえること	ベル・フックス 里見実監訳 朴和美・堀田碧・吉原令子訳	境界を越え出ていくこと、それこそが自由の実践としての教育だ。ブラック・フェミニストが自らの経験をもとに語る、新たな教育への提言。(坂下史子)
高校生のための文章読本	梅田卓夫／清水良典 服部左右一／松川由博編	夏目漱石からボルヘスまで一度は読んでおきたい文章70篇を収録。読解を通して表現力を磨くテキストとして好評を博した名アンソロジー。(村田喜代子)
高校生のための批評入門	梅田卓夫／清水良典 服部左右一／松川由博編	筑摩書房国語教科書の副読本として編まれた名教材の批評編。気になっていた作家・思想家等の、短文読切り解説文でまとめて読める。(熊沢敏之)

着眼と考え方 現代文解釈の基礎〔新訂版〕	遠藤嘉基 渡辺実	書かれた言葉の何に注目し、拾い上げ、結びつけ、考えていけばよいのか──59の文章を実際に読み解きながら解説した、至高の現代文教本。
着眼と考え方 現代文解釈の方法〔新訂版〕	遠藤嘉基 渡辺実	伝説の参考書『現代文解釈の基礎』の姉妹編、待望の復刊！ 70の文章を読解し「言葉を「考える」ための、一生モノの力を手に入れよう。（読書猿）
新編 教室をいきいきと①	大村はま	教室でのことばづかいから作文学習・テストまで。創造的で新鮮な授業の地平を切り開いた著者が、とっておきの工夫と指導を語る実践的な教育書。
新編 教えるということ	大村はま	ユニークで実践的な指導で定評のある著者が、教師にとってこれこそ魅力のある教室作りについて、きびしくかつ暖かく説く、若い教師必読の一冊。
日本の教師に伝えたいこと	大村はま	子どもたちを動かす迫力と、人を育てる本当の工夫に満ちた授業の実り多い学習のために、すべての教育者に贈る実践の書。
大村はま 優劣のかなたに	苅谷夏子	現場の国語教師として生涯を全うした、はま先生。遺されたことばの中から60を選りすぐり、先生の人となり、思想、仕事に迫る、珠玉のことば集。（苅谷剛彦）
増補 教育の世紀	苅谷剛彦	教育機会の平等という理念の追求は、いかにして学校を競争と選抜の場に変えたのか。現代の大衆教育社会のルーツを20世紀初頭のアメリカの経験に探る。
古文の読解	小西甚一	碩学の愛情が溢れる、伝説の参考書！ 魅力的な読み物でもあり、古典を味わうための最適なガイドになる一冊。（武藤康史）
古文研究法	小西甚一	受験生のバイブル、最強のベストセラー参考書がついに！ 碩学が該博な知識を背景に全力で書き下ろした、教養と愛情あふれる名著。（土屋博映）

「伝える」ことと「伝わる」こと	中井久夫	精神が解体の危機に瀕した時、それを食い止めるのりはしました方とともに、分身か、精神はよもよ妄想である。解体か、分裂か。その時、精神はよ（江口重幸）
私の「本の世界」	中井久夫	精神医学関連書籍の解説、『みすず』等に掲載の年ヴァレリーに関する論考を収める。（松田浩則）
モーセと一神教	ジークムント・フロイト　渡辺哲夫訳	ファシズム台頭期、フロイトはユダヤ民族の文化基盤ユダヤ教に対峙する。自身の精神分析理論を揺るがしかねなかった最晩年の挑戦の書物。
悪について	エーリッヒ・フロム　渡会圭子訳	私たちはなぜ生を軽んじ、自由を放棄し、進んで悪き出した不朽の名著、待望の新訳。人間の本性を克明に描
ラカン入門	向井雅明	複雑怪奇きわまりないラカン理論。だが、概念や理論の歴史的変遷を丹念にたどれば、その全貌を明快に理解できる。『ラカン対ラカン』増補改訂版。（出口剛司）
引き裂かれた自己	R・D・レイン　天野衛訳	統合失調症とは、苛酷な現実から自己を守ろうとする決死の努力である。患者の世界に寄り添い、反精神医学の旗手となったレインの主著、改訳版。
素読のすすめ	安達忠夫	素読とは、古典を繰り返し音読すること。内容の理解は考えない。言葉の響きやリズムによって感性を耕し、学びの基礎となる行為を平明に解説する。
言葉をおぼえるしくみ	今井むつみ　針生悦子	認知心理学最新の研究を通し、こどもが言葉や概念を覚えていく仕組みを徹底的に解明。さらにその仕組みを応用した外国語学習法を提案する。
ハマータウンの野郎ども	ポール・ウィリス　熊沢誠／山田潤訳	イギリス中等学校"就職組"の闊達でしたたかな反抗心に根底的批判を読みとり、教育の社会秩序再生産機能を徹底分析する。（乾彰夫）

漢書 2
小班竹武夫訳固

漢代の諸侯王や功臣など、さまざまな人物を分類した「表」全巻と、法律・経済・天文などの「志」前半を収めた、血の通った歴史記録。

漢書 3
小班竹武夫訳固

古来、古書を学ぶ者にとって必読の書といわれる「芸文志」や、当時の世界地理を記録した「地理志」など、「志」の後半を収める。

漢書 4
小班竹武夫訳固

「権勢利慾の交わり、古人これを羞ず」。人臣の生きざまを、その弱さ愚かさまで含みこみ記述する、悲劇的基調の「列伝」冒頭巻。

漢書 5
小班竹武夫訳固

董仲舒、司馬相如、司馬遷ら学者・文人たちの群像を描く。登場人物の際立つ個性を活写。

漢書 6
小班竹武夫訳固

難敵匈奴をめぐる衛青、霍去病、張騫たちの活躍と、佞幸の六部門に分けて活写し、合わせて、漢民族の宿敵匈奴の英雄群像を冷静な目で描く。

漢書 7
小班竹武夫訳固

特色ある人物を、儒林・循吏・酷吏・貨殖・游俠・佞幸の六部門に分けて活写し、合わせて、漢民族の宿敵匈奴の英雄群像を冷静な目で描く。

漢書 8
小班竹武夫訳固

「心の憂うる、涕すでに隕つ」。人間は、それぞれの運命を背負い、いかに生きるべきか。中国古代を彩る無名なるがゆえの輝きの数々。

インド神話
上村勝彦

悠久の時間と広大な自然に育まれたインド神話の世界を原典から平易に紹介する。神々と英雄たちが織りなす奇想天外な神話の軌跡。

ユダヤ古代誌（全6巻）
フラウィウス・ヨセフス
秦剛平訳

対ローマ・ユダヤ戦争を経験したヨセフスが説き起こす、天地創造からイエスをへて同時代（紀元後一世紀）までのユダヤの歴史。

ちくま学芸文庫

二〇二四年十一月十日　第一刷発行

著　者　吉田和彦（よしだ・かずひこ）

発行者　増田健史

発行所　株式会社　筑摩書房
　　　　東京都台東区蔵前二─五─三　〒一一一─八七五五
　　　　電話番号　〇三─五六八七─二六〇一（代表）

装幀者　安野光雅

印刷所　株式会社精興社

製本所　株式会社積信堂

本書をコピー、スキャニング等の方法により無許諾で複製することは、法令に規定された場合を除いて禁止されています。請負業者等の第三者によるデジタル化は一切認められていませんので、ご注意ください。

乱丁・落丁本の場合は、送料小社負担でお取り替えいたします。

© Kazuhiko YOSHIDA 2024 Printed in Japan
ISBN978-4-480-51269-7 C0180

言葉を復元する　比較言語学の世界